Bachmann
Ökologische
Außengestaltung
in KinderGÄRTEN
Praktisches Handbuch
für Neubau und
Umgestaltung

Rainer Bachmann

Ökologische Außengestaltung in KinderGÄRTEN

Praktisches Handbuch
für Neubau und Umgestaltung

VERLAG
BERLIN

Der Autor:
Rainer Bachmann, Jg. 1944, Sozialwissenschaftler, freiberuflicher Ökotekt,
Schwerpunkte: Bildungsplanung, ökologische Gestaltung von Schulen, Kinder-
tagesstätten, Spielplätzen, Wohnhöfen

Die Deutsche Bibliothek - CIP-Einheitsaufnahme

Bachmann, Rainer:
Ökologische Aussengestaltung in Kindergärten : praktisches Handbuch für
Neubau und Umgestaltung / Rainer Bachmann. -
Berlin : FIPP-Verl. ; Weinheim ; München : Juventa-Verl., 1994
   ISBN 3-924830-38-X

Alleinauslieferung: Juventa Verlag Weinheim und München

Das Buch basiert im Wesentlichen auf der Veröffentlichung „GRÜNHANDBUCH.
Planungshilfen für Neubau und Umgestaltung von Außenanlagen an Kinderta-
gesstätten" von Rainer Bachmann, herausgegeben vom Magistrat der Stadt
Frankfurt/M, Dezernat Schule und Bildung.

© 1994 FIPP Verlag Berlin / UNESCO Publishing
Redaktion: Cornelia Stauß
Layout und Titel: Dietrich Otte
Titelzeichnung: Udo Slama
Zeichnungen: Jürgen Roßbach
Pläne: Heike Bielenberg
Printed in Germany

ISBN 3-924830-38-X

Inhaltsverzeichnis

Vorwort

Meine Erinnerung an Kindergarten verbindet sich sofort mit Gerüchen von Lederumhängetäschchen und runzligen Äpfeln und dem Gefühl vom Betasten gestärkter harter weißer Schürzen der „Tanten".
Der Begriff Garten kommt mir in diesem Zusammenhang nicht in den Sinn. Ich ging nicht gern in den Kindergarten.

Dennoch hat meine Kindheit sehr viel mit Garten zu tun. Er war mein zweites Zuhause. Hier war ich in meiner Welt und konnte mich vor den Erwachsenen zurückziehen. Entweder hinter den Rosensträuchern, der Weinlaube, oder ich stieg die holprige Steintreppe hinunter zum kleinen Bach.

Am liebsten habe ich mit anderen Kindern mit Hilfe von Bohnenstangen, alten Wolldecken und Wäscheklammern ein Zelt über dem Sandkasten gebaut. Das war wunderbar; warm, dunkel, und man fühlte sich unbeobachtet. Manchmal haben wir dort auch gekocht mit Sand und Küchenkräutern, meist unreifem Obst und Gemüse. Selbstverständlich mußten wir das alles „in echt" probieren. Am liebsten mochte ich Sauerampfer oder Rhabarberstiele, ein herrliches Gefühl, wenn sich im Mund alles zusammenzog...

Im Mai gings auf die Jagd nach Maikäfern, die ich aus den Rosenbüschen schüttelte, den Juni verbrachte ich größtenteils im Sauerkirschbaum und im Juli/August sprang ich von einer Zinkbadewanne in die andere, deren Wasser dann gegen Abend recht sandig, warm und voller Grashalme war.

Und heute? Wie vielen Kindern sind all die sinnlichen Erfahrungen mit Käfern, Wasser, Sand und Gartengewächsen noch möglich? Selbst in Kleinstädten und Dörfern haben kaum noch Kinder einen Garten zur Verfügung, in dem sie nach Herzenslust herumtoben können. Und was bieten die Kindertageseinrichtungen neben Sicherheitsrichtlinien, Übersichtlichkeit, Pflegeleichtigkeit? Was bleibt für die Kinder? Wo kann man Natur erleben, wo können Kinder den Umgang mit ihr ausprobieren?

In diesem Buch sind sehr einfache Lösungen aufgezeigt, Kindern wenigstens einen Teil dessen anzubieten, was sie brauchen.
Mit dem Willen zur Veränderung, ein wenig Phantasie, Kreativität und Hilfestellung beim Know-how, die dieses Buch leisten möchte, kann mit wenig Mitteln viel erreicht werden.

Cornelia Stauß

Grundprinzipien der Gestaltung von Außenanlagen

1

Der junge Mensch braucht seinesgleichen - nämlich Tiere, überhaupt elementares, Wasser, Dreck, Gebüsche, Spielraum. Man kann ihn auch ohne das alles aufwachsen lassen, mit Teppichen, Stofftieren oder auf asphaltierten Straßen und Höfen. Er überlebt es, doch man soll sich dann nicht wundern, wenn er später bestimmte soziale Grundleistungen nie mehr erlernt.

Alexander Mitscherlich

Gestaltungsgesichtspunkte für Außenanlagen

Jahrzehntelang wurden Kindertagesstätten so errichtet, daß sie nichts anderes darstellten als neutrale Handlungskulissen für ein wie immer geartetes pädagogisches Geschehen. In diesem Sinne sind die meisten Gebäude von einer gestalterischen Schlichtheit, die sich aus zumeist langen schmalen Korridoren und aneinandergehefteten seriellen „Funktions"-Räumen zusammensetzen.

Diese Eintönigkeit und Uniformität läßt es auch nicht schwerfallen, sich vorzustellen, daß diese Gebäude ebensogut von einer Behörde zu Verwaltungszwecken umgenutzt werden könnten.

Enge Flure eignen sich nicht zum Aufenthalt, und es macht Mühe, die kommunikationsfeindliche Struktur gestalterisch zu verändern. Undifferenziert gestalteten Räumen scheint jedes kreative Flair zu fehlen, den Raum selbst als Medium einzusetzen. Räume sind zwar möbliert – aber eine eigene Raumstimmung läßt sich nur in Ausnahmefällen herstellen. Daß Räume – sowohl Innen- als auch Außenräume – einen tiefen inneren Bezug zu dem herstellen, was in ihnen passiert, ist Pädagoginnen und Pädagogen deutlich. Die Qualität der Architektur sollte heute die Veränderungen der Lebenssituation von Kindern berücksichtigen. Der gebaute Raum soll das Kind beim sozialen Lernen und sinnlichen Erleben unterstützen. Dies setzt die Anpassung der Gebäude an die kindliche Wahrnehmung voraus.

Doch wird so etwas wie räumliche Kompetenz während des Studiums oder der Ausbildung nicht angeboten, werden architektonische Settings hingenommen, wird oft resignativ auf strukturell Vorgegebenes reagiert. Damit erweist sich der Begriff „strukturelle Gewalt", der in den 70er Jahren geprägt wurde, auf die Architektur von pädagogischen Einrichtungen angewendet, als hoch aktuell (vgl. Gerold Becker, Pädagogik in Beton).

Hier kann Veränderung angestrebt werden. Man kann sich ein eigenes Bild davon verschaffen, wie gebaute Lebenswelten auch gestaltet sein können, wenn es darum geht, pädagogische Ansprüche zu verwirklichen. Die Montessori-Pädagogik realisiert andere Räume, die Freinet-Pädagogik löst das Klassenzimmer in einen multifunktionalen Raum auf, die Waldorfkindergärten ermöglichen mit einer plastisch gestalteten Raumstruktur zeltartige Dächer, grottenähnliche Spielnischen, Rampen, intime Ein- und Ausblicke und die gruppenweise Eroberung des Außenraumes. Prof. Malaguzzi, der Begründer der sogenannten Reggio-Pädagogik in Norditalien, erklärte die meisten durch die Kommune betriebenen Kindergärten für pädagogisch „ungeeignet". Soweit finanziell realisierbar, wurden in Reggio nell'Emilia Häuser für Kinder neu gebaut: diesmal ohne jeden Flur und ohne gegenseitige Abschottung der Gruppenräume. Dadurch, daß Übergänge weich und fließend gestaltet wurden, sind die pädagogischen Teams einander räumlich näher. Das wirkt sich unmittelbar auf das Sozialverhalten aller aus. Die Eingangshalle ist Garderobe, Forum, Informationsstand und informeller Treffpunkt zugleich. Eltern, die dort morgens und nachmittags ihre Kinder bringen und wieder abholen, stehen nicht irgendwo störend im Flur herum, sondern werden wie Gäste aufgenommen. Sie können in den Vitrinen an der Wand die Arbeiten ihrer Kinder bestaunen, die

Informationstafeln lesen und ihren Kindern beim An- und Ausziehen zusehen; Gespräche mit den ErzieherInnen ergeben sich auf vielfältige Art geradezu von selbst.

Die architektonische Schlichtheit eines Gebäudes und die damit zusammenhängende pädagogische Reduzierung setzt sich auch im Außenraum fort. Außenräume sind gleichsam Spiegelungen der Gebäude. Unabhängig von

Baustil und Entstehungsjahr finden sich heute monoton durchstrukturierte Außenareale. Der hohe Versiegelungsgrad der Freiflächen (d.h. der Grad der Abdeckung des natürlichen Bodens durch Bodenbeläge wie Betonplatten, Asphalt) variiert in grauen Betonverbundsteinen, Betonplatten, Asphalt und Fallschutzplatten. Überdimensionierte Sandkisten und einige Standardspielgeräte aus Metall und Holz auf „übersichtlicher", ebener Fläche sind die genormten Kennzeichen ihrer Möblierung. Weithin sichtbare Maschendrahtzäune ohne nennenswerte Bepflanzung, schmale Rabatten mit „Gebäudeabstandsgrün" und – selten genug – ein paar alte Bäume mit zuasphaltierten Baumscheiben signalisieren „Natur" und Eingrenzung zugleich. In solchen steinernen Wüsten ist der Entdeckungswert der Welt für Kinder gering - eine Lösung durch aktive Umgestaltung erscheint den meisten Erwachsenen zwar wünschenswert, aber weder denkbar noch finanziell zu realisieren.

Es bleibt zu fragen, in welche Richtung die Umgestaltung solcher zumeist monotonen Spielflächen gehen sollte. An Ideen in den Einrichtungen fehlt es nicht. Es gibt inzwischen einige wenige Praxismodelle, die Anregungen für die eigene Einrichtung geben könnten.

In diesem Handbuch sind Beispiele und Erfahrungen aus verschiedenen Projekten und Einrichtungen in Europa zusammengetragen. Ideen sollen weitergegeben und Wissen weitergetragen werden, damit Kindertagesstätten auch in ökologischer Hinsicht den Bedürfnissen von Kindern entsprechend gestaltet werden können.

Das Zusammentragen und Bekanntmachen von Informationen stellt einen ersten Schritt dar, Kindertagesstätten ökologisch umzugestalten. Ein weiterer Schritt ist die Gestaltung von Ideenworkshops mit ErzieherInnen, um mit ihnen gemeinsam aus Ideen Projektentwürfe entstehen zu lassen.

Die Voraussetzung für eine Umgestaltung ist die Eigeninitiative jeder einzelnen Einrichtung. Die verstärkte Kooperation mit Eltern und öffentlichen Ämtern und eine kontinuierliche Einbeziehung aller zuständigen Aufsichtsbehörden ist dazu erforderlich.

Die „Ökologisierung von Kindertagesstätten" ist nicht als „Programm" mißzuverstehen, das der öffentliche Träger nur zu finanzieren hat. Ökologisierung ist wesentlich mehr als ein zu verordnendes Programm. Da Natur- und Umweltzerstörung durch unsere gestörte Beziehung zur Natur begründet ist, geht es darum, diese Beziehung wiederherzustellen. Ökologisierung heißt deshalb vor allem Beziehungsarbeit. Es geht also nicht nur darum, die Außenanlage biotopmäßig zu gestalten, sondern *mit den Menschen* zu arbeiten, die in dieser Umwelt leben. Das wird, angesichts der knappen Ressourcen der öffentlichen Hand, weder jetzt noch in allernächster Zukunft zu finanzieren sein, wenn man davon ausgehen kann, daß pro Kindertagesstätte allein für die Umgestaltung der Außenanlagen ein Quadratmeterpreis von DM 200,- bis 300,- (als mittlerer Erfahrungswert in den verschiedenen Bundesländern) anfällt, sofern der Auftrag von einer Fachfirma ausgeführt wird.

Doch es spricht nicht nur der hohe Kostenaufwand dagegen, solche Umgestaltungsaufträge durch Unternehmen ausführen zu lassen, sondern auch die Tatsache, daß das Ablösen einer monotonen Spielkulisse durch eine "ökologisch" orientierte sowohl bei den Kindern als auch bei den Erwachsenen keinerlei Verhaltensänderungen hervorruft. Ohne innere Anteilnahme, ohne prozeßhafte Betreibung und ohne langsame Veränderung sollte ökologische Umgestaltung niemals angegangen werden. Da es nicht nur darum geht, etwas bislang Gewohntes durch etwas anderes zu ersetzen (z.B. statt der vorhandenen Bodendecker Cotoneaster, Berberitze, Mahonie etc., ein Staudenbeet mit Sommerblumen), sondern das Andere auch andersartig zu behandeln und mit verändertem Bewußtsein wiederum damit umzugehen, scheint es schlichtweg unabdingbar, daß Initiative, Planung, Organisation, praktische Umsetzung und Weiterführung in den Händen der jeweiligen Einrichtung bleibt. Also nicht das Gartenamt oder eine Fachfirma entfernt die Bodendeckerpflanzung und setzt z.B. Stauden, sondern ErzieherInnen pflanzen mit Kindern und Eltern und übernehmen später Wartung und Pflege.

Pädagogische Gestaltungsgesichtspunkte

Kindheit hat in den letzten Jahrzehnten erhebliche Veränderungen erfahren. Im öffentlichen Raum unserer Städte und Dörfer stehen, sei es durch Verkehr oder zunehmende dichte Bebauung, immer weniger Flächen für Kinder zur Verfügung. *Kinder brauchen aber Plätze, wo sie spielen, toben, "ihr Unwesen treiben" und sich von Erwachsenen zurückziehen können. Außenanlagen müssen heute so gestaltet sein, daß sie Kindern diesen verlorengegangenen Freiraum zumindest teilweise ersetzen können.*

Ein positives Naturerlebnis zu erfahren ist für Kinder immer schwieriger. Gerade weil die Natur in ihrer ursprünglichen Form aus den Innenstadtbereichen verbannt ist, sollen Kinder bewußt mit ihr in Berührung gebracht werden. Eine Beziehung zur Natur zu entwickeln muß für das kleine Kind ein aktiver Vorgang sein.

Fakt ist, daß nur das, was über den Körper, d.h. die Hand, die Haut, den Fuß, das Auge, das Ohr und die Nase erfahren werden kann, sinnstiftend wird. Es macht Sinn, bei der Außenanlage von Kindertagesstätten Sinnesgärten anzulegen, die zugleich Spiel-, Bewegungs- und Erfahrungsräume sind. Jenseits aller Ausstattungsprogramme sollte demnach vieles, was im Außenraum (um)zugestalten ist, auf die pädagogische Frage seiner Nutzung zurückgeführt werden. Ein Teich macht nur dann Sinn, wenn er in das Kindergartenleben mit einbezogen ist, und ein Pflanzbeet ist nur dann wichtig für Kinder, wenn sie über die Erzieherinnen und Erzieher einen Bezug zu den Pflanzen herstellen können, die in ihm wachsen. Es geht also nicht darum, eine besonders schöne Kulisse zu gestalten, die nur den optischen Sinn befriedigt und das Gefallen bei den Erwachsenen findet, sondern darum, so umzugestalten, daß sie ihren Aufforderungscharakter nie verliert, mit dem Gegenständlichen ständig umzugehen, nämlich zu pflegen und zu gestalten. Handelnd kann das Kind eine eigene Beziehung zur Welt aufbauen.

Eine Außenanlage an Kindertagesstätten kann, pädagogisch gesehen, vieles ermöglichen, was in Innenräumen und besonders auch zu Hause nicht mehr erlebt werden kann:

Wachstum
Veränderbarkeit
Vergänglichkeit
Jahreszeiten
Elemente
Zufälligkeiten
Provisorisches.

In einer hochtechnisierten Welt werden Kinder großgezogen, die in ihrer Umwelt kaum noch „das Zittern des Lebendigen" (Hugo Kükelhaus) wahrnehmen können, sondern eher das Gegenteil davon. Vieles ist starr und unbeweglich, die Materialien immer mehr körperfremd (Kunststoff, Stahl, Glas, Beton, Asphalt). Wo die Bewegung sichtbar ist, z. B. am Auto, am Verkehr, am Computer, am Fernsehschirm, ist der manipulativ lernende Umgang geradezu gefährlich und bleibt auf den kleinen Rest des Knöpfedrückens beschränkt, z.B. in den Computerspielen für Kinder.

Das Er-Greifen der Welt wird in einer Stadtumgebung für Kinder immer weniger möglich, und da Leben immer nur an Lebendigem begriffen und gelernt werden kann, sollte die Pädagogik an Kindertagesstätten danach trachten, möglichst viele Anlässe für das gegenständliche Be-Greifen und Erleben in die Institutionen hineinzuholen, die Kindern wiederholt Gelegenheit gibt, sich auszuprobieren. Dieser erste Schritt darf nie ausgelassen werden: Handelnd erfährt sich das Kind und nur dadurch lernt es.

Wachstum sichtbar machen
Wenn Kinder Pflanzen (z.B. Sonnenblumenkerne, Feuerbohnen, Kürbiskerne etc.) vom Einsetzen in den Topf oder in das Beet bis zur Ernte und dem Absterben der Pflanze im Herbst täglich beobachten und pflegen können, lernen sie einen ganzen Lebenszyklus kennen, in den die Kinder mit ihrer eigenen Entwicklung und ihrem Wachstum eingebunden sind.

Vergänglichkeit symbolisiert Leben
Normalerweise lernen die Kinder durch die Erwachsenen schnell zwischen „heil" und „kaputt" oder „vorhanden" und „nicht vorhanden" zu unterscheiden. Aber sie wissen nicht, woher die Schnittblumen kommen, die plötzlich in der Vase auf dem Tisch stehen, und noch weniger, was mit ihnen geschieht, wenn sie plötzlich nicht mehr da sind. Wie sieht es aus, wenn Herbst und Winter einbrechen und alles Grün aus dem Garten weicht, was geschieht mit den Pflanzen und Tieren im Winter, was mit ihnen im Frühjahr? Der Tod ist das Rätsel und die Garantie für neues Leben – das läßt sich besser in der Natur als in Gruppenräumen erleben.

Veränderbarkeit zeigt Lebensprozesse
Bäume am Straßenrand, Kletterpflanzen und Blumenkübel in der Innenstadt sind Kulissen, die Kinder kaum wahrnehmen. In der Kindertagesstätte kann beobachtet werden, um wieviel der Efeu jedes Jahr an der Wand hochklettert, der selbst gepflanzt wurde, wie dick der Stamm des neugepflanzten Apfel-

baumes ein Jahr später ist, wieviel dichter die Laube aus Weidenzweigen zugewachsen ist und wieviel mehr Krokusse auf der Wiese blühen.

Jahreszeiten machen die Zeit sichtbar

Die Jahreszeiten kann man zwar ein Stück weit in die Innenräume hereinholen, doch das ersetzt von ihrem Erlebniswert her nicht die Begegnung draußen. Wenn außen eine natürliche Vielfalt gestaltet wird, läßt sich eine ebenso große Formen- und Gestaltungsvielfalt wahrnehmen – zu jeder Jahreszeit. Tau, Rauhreif, Regen und Schnee sind die interessanten Begleiter der Übergangszeit von Herbst und Winter zum Frühling, und inwieweit die Wärme der ersten Sonnenstrahlen das Leben im Boden wiedererweckt, läßt sich am besten an einer Vielzahl von eingesetzten frühblühenden Pflanzen nachvollziehen.

Elemente sind Lebenserfahrungen

Die Kindertagesstätte könnte ein Ort sein, wo Kinder den lebensnotwendigen Umgang mit den vier Elementen Erde, Wasser, Feuer und Luft unter pädagogischer Anleitung von Erzieherinnen und Erziehern ausprobieren können. Für alle vier Elemente müßten Projekte ausgearbeitet werden, die mit den einzelnen Kindergruppen realisiert werden. Abseits vom üblichen Sandkasten sind Matschecken, Wassererlebnisplätze und Feuerstellen einzurichten. Der Wind braucht keinen besonderen Ort; Windsegel, Windharfen, Fahnen und Drachen lassen sich überall da anbringen, wo Platz ist. Wir wissen zwar, daß wir nicht leben könnten, wenn wir die Luft zum Atmen nicht hätten, und keine Woche ohne Wasseraufnahme überleben würden, aber wir vergessen es immer wieder. Das Kind hat einen viel sinnlicheren Zugang zu dieser „Selbstverständlichkeit" und vergißt sie nicht, wenn rechtzeitig erzieherisch gehandelt wird.

Zufälligkeiten und Provisorisches

Leben ist nur zum Teil planbar. Im Außenbereich einer Kindertagesstätte läßt sich diese Lebensbeobachtung realisieren: der vom Sturm abgeknickte Ast, die durch Hagelkörner durchsiebten Rharbarberblätter, die an der Pflanze vertrockneten Früchte, die durch Gewittergüsse verregneten Blumen; Begebenheiten, die an die Gegenwart von Naturgewalten erinnern und gleichzeitig Aufforderung zum Handeln sind: einen Ast fachgerecht absägen oder anbinden, Pflanzen wieder aufrichten, anderes entfernen, kompostieren. In einem Garten ist vieles in Bewegung und einem ständigen Wandel unterworfen. Das den Kindern verdeutlichen zu können heißt mehr, als sie nur intellektuell auf Naturphänomene aufmerksam zu machen. Kinder haben ein hochdifferenziertes Wahrnehmungsvermögen. Ihre Sinnlichkeit zu fördern, bedeutet auch, sie empfänglicher und sensibler für ihre Umwelt zu machen.

(Stadt-)Ökologische Gestaltungsgesichtspunkte

In der Bundesrepublik gehen jährlich mehrere tausend Hektar an Freiflächen verloren. Diese werden entweder durch Gebäude überbaut und/oder durch unterschiedliche Bodenbeläge für Straßen, Parkplätze, Wege, Gewerbe und

Industrie sowie Erholungs- und Sporteinrichtungen versiegelt. Diese Flächen werden von ökologisch bedeutsamen Austauschprozessen und Wechselwirkungen der jeweiligen Umwelt abgeschnitten. Das hat Konsequenzen.

Als Folgen der zunehmenden – nicht nur innerstädtischen – Versiegelung sind zu nennen:

- Verlust des Naturpotentials „Boden"
- Verarmung von Fauna und Flora
- Belastung der klimatisch-lufthygienischen Situation
- Verminderung der Grundwasserneubildung
- Verarmung des Stadtbildes
- Verlust an Erholungsflächen.

Um diese negativen Folgen der Bodenversiegelung zu mindern, sollte jede Umgestaltungsmaßnahme an Kindertagesstätten als eine Entsiegelungsmaßnahme durchgeführt werden, sofern Versiegelung besteht.

Der Begriff Bodenentsiegelung läßt zwei verschiedene Arbeitsansätze zu:

1. Entsiegelung als Beseitigung eines Oberflächenbelages und anschließende Begrünung der gewonnenen Fläche.

2. Belagsänderung als Austausch einer stark versiegelten Oberfläche (Asphalt, Beton, Kunstrasen etc.) durch einen durchlässigeren Belag.

Beide Entsiegelungsmöglichkeiten erzeugen positive Effekte.

Dennoch ist die Durchsetzungsfähigkeit der „echten" Entsiegelung im Sinne der Schaffung von Grünflächen problematischer einzustufen, da durch jede Entsiegelungsmaßnahme in bereits bestehende Nutzungen und besondere Nutzungsgewohnheiten eingegriffen wird. Es erscheint zulässig, mit dem Begriff Entsiegelung die Forderung nach Begrünung zu meinen, wenngleich dies nicht in allen Fällen korrekt ist.

Man muß davon ausgehen, daß die Lebensbedingungen, zumal in städtischen Ballungsräumen, für Kinder/Menschen äußerst krankmachend sind. Eine stetig ansteigende und besonders durch den Autoverkehr verursachte Lärmbelästigung geht einher mit einer hochgradigen Kontaminierung schadstoffhaltiger Luft. Die oft bis zur Grundstücksgrenze versiegelten Freiflächen sind nicht nur unfähig, Staub zu binden, sie heizen überdies die ohnehin wärmere Stadtluft unnötig auf, da große Bäume fehlen, die Schatten spenden. Diese versiegelten Flächen können die Umgebung andererseits auch nicht abkühlen, weil jeder sommerliche Gewitterregen in Minutenschnelle als Oberflächenwasser in den Straßengulli abgeleitet wird und eine langsame Verdunstung auf dem Gelände verlorengeht.

Eine ökologisch orientierte Umgestaltung von Freiflächen an Kindertagesstätten sollte diese Umstände aufheben oder zumindest mindern. Eine Entsiegelung als Umgestaltungsmaßnahme kann jedoch keine Wunder bewirken, wenn nicht flankierende Maßnahmen hinzukommen.

In den alten Ländern nehmen Kindertagesstätten zum Beispiel nur rund vier bis acht Prozent der öffentlichen Gesamtfläche ein (Schulen rund 25 Prozent). Das legt nahe, die Umgestaltung nicht allein auf die Beseitigung von Versiegelung zu beschränken, sondern auch andere ökologisch relevante Begrünungs- maßnahmen zu prüfen.

Wenn man Gebäudedächer und Fassaden als Begrünungsfläche hinzu- nimmt, kann ohne größeren Kostenaufwand zusätzlich zur Entsiegelung/ Belagsänderung beigetragen werden. Als erstmalige Begrünung von nahezu 100 Prozent versiegelten Grundstücken unterstützt die Fassadenbegrünung wirkungsvoll die Biotopherstellung.

Die Biotopvergrößerung, d.h. das Erweitern bereits vorhandener kleiner Grünflächen, ist besonders dann wirkungsvoll, wenn die Ergänzungspflanzung aus dem vorhandenen Artensortiment angereichert wird, sofern es sich um einheimische Arten handelt.

Eine isolierte Biotopherstellung infolge einer Entsiegelungsmaßnahme bleibt ungenügend, da Lebensräume nie abgeschnitten, also immer nur im Verbund Wirkung zeigen. Das gilt vor allem für die Fauna. So z.B. der kleine Laufkäfer, er benötigt als Individuallebensraum ca. 2.500 m².

Die Vernetzung von Biotopen (das könnte z.B. das angrenzende Schul- grundstück sein) wird als Möglichkeit gesehen, die mit der Verkleinerung und Verinselung der Biotope einhergehenden negativen Effekte, d.h. des Verlustes der ökologischen Stabilität und der genetischen Verarmung, abzumildern. Durch die Vernetzung kleinerer Flächen potenziert sich der floristisch-faunistische Wirkungsgrad der Entsiegelung. Hauptelemente der Biotopvernetzung in dicht besiedelten Bereichen sind die Randbereiche in sich geschlossener, unabhän- giger Verkehrslinien wie Eisenbahnanlagen und Autobahnen, aber auch Wasser- läufe und Alleen mit breitem begrünten Mittelstreifen, Promenaden und Vor- gartenzonen. Durch den Anschluß von Grünflächen innerhalb der Block- bebauung an andere Biotope kann ein Austausch von Tier- und Pflanzen- populationen zwischen Innenstadt und Umland stattfinden. Eine blockinterne Vernetzung von Kleinstbiotopen stärkt die Biotopstruktur. Die Entwicklung linearer Begrünungskonzepte entlang von Mauern, Zäunen und unter Dachtraufen, die Fassadenbegrünung und Dachbegrünung mit einbezieht, stellt einen wichtigen Beitrag dar, trotz beschränkter räumlicher Verhältnisse die floristische und faunistische Vielfalt zu erhöhen.

Nach Ansicht vieler Wissenschaftler ist die Herstellung von Biotopent- wicklungsachsen innerhalb dichter Blockbebauung eine der wichtigsten Maß- nahmen, die nur durch fortgesetzte Entsiegelungsmaßnahmen erhalten und ausgebaut werden können. Das Entsiegelungsangebot sollte schon deswegen ein kommunalpolitisches Instrument werden, da die fast 100 Prozent versiegel- ten Verkehrsflächen, die rund 20 Prozent der Gesamtfläche einnehmen, kaum zu entsiegeln sind und Frankfurt am Main, gefolgt von Berlin, im Vergleich mit den zehn größten Städten in der Bundesrepublik den höchsten Verkehrs- flächenanteil aufweist.

Die Effekte einer (Teil-)Entsiegelung des Bodens wirken sich positiv auf Klima, Luft, Feuchtigkeit und Lärm aus.

Die ökologischen Eigenschaften eines unversiegelten Standorts sind:
- ein ausgeglichener Luft- und Wasserhaushalt,
- gute Wuchsbedingungen für Pflanzen (Durchwurzelbarkeit, Nährstoffangebot),
- Lebensmöglichkeiten für unterschiedlichste Bodenorganismen,
- gutes Rückhaltevermögen gegenüber Schadstoffen,
- Luftschadstoffe werden an der Pflanzenoberfläche gebunden
- durch Verschattung, erhöhte nächtliche Abkühlung, Temperaturminderung und Erhöhung der relativen Luftfeuchtigkeit.

Anders gesagt: Eine mit Asphalt versiegelte Freifläche besitzt keine dieser positiven Eigenschaften.

Gleichwohl liegen zwischen einer Blumenwiese und einer asphaltierten Freifläche noch vier verschiedene Belagsarten, die in ihren negativen ökologischen Auswirkungen auch unterschiedlich eingeschätzt werden müssen.

Belags-klasse	Einschätzung der negativen ökolog. Auswirkungen	Belagsarten
1	extrem	Asphalt, Beton, Pflaster mit Fugenverguß oder Betonunterbau (wasserundurchlässig)
2	hoch	Kunststein- und Plattenbeläge, Betonverbundpflaster, Klinker, Mittel-und Großpflaster (teilwese wasserdurchlässig)
3	mittel	Klein- und Mosaikpflaster (Kantenlänge < 8 cm) (bedingt wasserdurchlässig)
4	gering	Rasengitterstein, wassergebundene Decke (Schotterrasen, Schlacke), Kies, Tennenfläche (Sandschlacke-Lehmgemisch), verdichteter und vegetationsloser Boden (wasserdurchlässig).

Diese Klassifizierung ist hilfreich, um Aussagen über das Ausmaß von negativen ökologischen Auswirkungen auf Freiflächen zu treffen. Bei Neu- bzw. Umgestaltung von Freiflächen könnte ein Mittel- oder Großpflaster aus der Belagklasse 2 sogar günstiger als Klasse 4 bewertet werden, wenn der Fugen- und Porenanteil geändert wird, der die Lebensmöglichkeiten der Pflanzen (vor allem die Durchwurzelbarkeit) und der Bodenorganismen sowie den Luft- und

Wasserhaushalt (Grundwasserneubildung, Abflußbeiwert – die Geschwindigkeit, bei der Wasser abläuft) bestimmt. Die Substrateigenschaften des Fugen- und Belagsmaterials (Anteil der organischen Substanz, Feinkornanteil) beeinflussen die Fähigkeit, einsickernde Schadstoffe zu binden. Je höher die Gehalte an organischer Substanz (Humus) und feinkörnigen Substraten (Ton, Lehm, Schluff), um so wirksamer können einsickernde Schadstoffe zurückgehalten werden. Die klimatisch-lufthygienische Leistungsfähigkeit einer Belagsart ergibt sich im wesentlichen aus dem Pflanzenbewuchs des Standorts. Die erhöhte Bodenrauhigkeit führt zur Ausfilterung von Luftschadstoffen (vor allem Staubpartikel), außerdem sorgen die Pflanzen durch Verdunstung für eine Erhöhung der Luftfeuchtigkeit und Temperaturminderung.

Das Stadtklima

Verschiedene Klimaelemente im Vergleich von Städten mit ländlichen Umgebungen zeigen für die Städte ein sehr verändertes Bild. Man kann sagen: Das Stadtklima ist sehr belastend. Es können jedoch die Unterschiede zwischen Stadt- und Umgebungsklima verdeutlicht werden.

Luftschadstoffe (KFZ-Verkehr, Industrie, Hausbrand etc.) und Überbauung (schlechte Durchlüftung der belasteten Gebiete durch verminderte Windgeschwindigkeit) beeinflussen das Klima einer Stadt negativ. Die im bebauten Raum künstlich erzeugte Wärme belastet das Stadtklima ungünstig: Die nächtliche Wärmeausstrahlung wird von der zunehmenden Konzentration von Aerosolen (Schwebstoffen) in der Atmosphäre zurückgehalten und erhöht die Temperatur. Diese Schwebstoffe können außerdem auch die Sonneneinstrahlung bis zu 25 Prozent verringern.

Klimaelemente	Der Vergleich mit der ländlichen Umgebung (100%) ergibt für die Stadt
Sonnenstrahlung	
Strahlung auf horizontaler Oberfläche	80 - 85 %
Ultraviolett im Winter	60 - 70 %
Bewölkung	
Wolken	105 - 110 %
Nebel im Winter	200 %
Nebel im Sommer	130 %
Niederschlag	
Gewitterhäufigkeit	115 %
Tau- und Niederschlag	35 %
Temperatur	
Jahresmittel	0,5 - 2° höher
max. Temperaturunterschiede	2° - 10°

19

Verdunstung
Gesamtbetrag   40 - 70 %

Schadstoffbelastung
Aerosole   1.000 %
Schwefeldioxid   500 %
Kohlenmonoxid   2.500 %
Kohlendioxid   1.000 %

Abgase und Schwebstäube sind in städtischer Bebauung dramatisch höher als in ländlicher Umgebung. Ihre Mengen drastisch zu senken stellt ein wichtiges Gebot dar, Kindern gesunde Luft zum Atmen zu garantieren.

Grünflächen allgemein, Bäume und Sträucher im besonderen besitzen die Fähigkeit, Luftschadstoffe auszufiltern. Dies gilt für größere Staubpartikel (Sedimentationsstäube > 4) und Schadgase (vgl. Sukopp et al. 1980, S. 53).

Ablagerungsraten unterschiedlicher Oberflächen
Ablagerungen steigern sich bei Zunahme der „Rauhigkeit" der Oberfläche. Versiegelte Flächen und offene Böden weisen sehr geringe Staubfilterungspotentiale auf. Dagegen erreichen Bäume und Sträucher einen um zehn- bis dreißigmal höheren Staubfilterwirkungsgrad als Gras.

Gras   0,86 kg/ha Tag
Klee   2,10 kg/ha Tag
Ackerboden   0,35 kg/ha Tag
glatte Flächen   0,25 kg/ha Tag

(Horbert 1983)

Die Feinstaubbelastung ist im Straßenraum um 75 Prozent höher als zwischen Wohnblöcken. Das ist bei jeder Um- und Neuplanung von Kindertagesstätten zu berücksichtigen, wenn die Grundstücke an einer stark befahrenen Straße liegen. Wie sehr verläßlich Parkanlagen und Straßenbäume Stäube binden können, zeigt eine 1966 von Bernatzky durchgeführte Vergleichsmessung in Frankfurt am Main:

Staubkonzentration pro Luftquantum in Frankfurt am Main
Kerne pro Luftquantum

Stadtzentrum   18.000
Park (4 ha)   1.000 - 3.000
baumfreie Straße   10.000 - 12.000
Allee   3.000

In bezug auf die Bindung der „inhalierbaren Partikel", deren Anteil rund 70 Prozent des Staubniederschlages ausmacht, kommt der Vegetationsanreicherung in der Innenstadt eine wichtige gesundheitliche Funktion zu.

Die Leistungsfähigkeit der Pflanzen hinsichtlich der Ausfilterung von Aerosolen ist bedeutend, ihre Staubfilterwirkung nimmt mit der Oberflächenrauhigkeit und der Blattoberfläche zu. Besondere Effekte erzielen freistehende, gut durchlüftete Bäume bzw. Baumgruppen.

Bezogen auf das Kronenvolumen und den Kronendurchmesser, läßt sich die Leistung pro Vegetationsperiode eines Laubbaums im Stadtraum bemessen (nach Heisig 1986, S.90):

Kronendurchmesser (m)	Staubbindungsvermögen
12,4	25,0 Ztr. Staub
11,3	19,0 Ztr. Staub
9,8	13,0 Ztr. Staub
7,8	6,5 Ztr. Staub
2,1	0,8 Ztr. Staub

Alte Bäume sind unersetzlich. Wenn ein großer Baum gefällt wird, müßten rund 50 neue Bäume an seine Stelle gepflanzt werden, allein um sein Staubbindungsvermögen zu ersetzen.

Der Boden

Wasserundurchlässige Bodenbeläge, Schadstoffe, Verdichtung und Störung des Wasserhaushaltes sind nicht nur starke Belastungsfaktoren, sondern haben das Nahrungspotential Boden nahezu vollständig zerstört. Die ökologische Leistungsfähigkeit eines Bodens ist sehr eng an das Vorhandensein einer Pflanzendecke und an die Belebtheit der oberen Bodenschicht gebunden. Diese Faktoren beeinflussen die Qualitäten anderer Umweltbereiche (z.B. die Eigenschaften als Schadstoffpuffer und Filter, Wasserspeicher und Grundwasserspender und als klimatische Entlastungsfläche). Alle sich in der Umwelt bewegenden und bewegten Substanzen gelangen irgendwann durch Niederschläge, Wind, trockene Ablagerung oder durch Aktivität von Lebewesen auf und in die Böden und später ins Grundwasser. Nur unversiegelte Böden können eindringende Schadstoffe durch Filter-, Puffer- und Transformationsprozesse zurückhalten und dadurch dem Naturhaushalt wirkungsvoll entziehen.

Die Filterwirkung des Bodens besteht in der Bindung von Schmutz- und Schadstoffteilchen in bestimmten Porendurchmessern der Wasserleitbahnen. Sand- und kiesreiche Böden weisen gute Filterleistungen auf. Die Pufferwirkung von Böden beruht auf der Anlagerung von gasförmigen und gelösten Schadstoffen an Tonmineralen und Huminstoffen sowie der Reaktion der Schadsubstanzen auf bodeneigene Stoffe (Eisen, Aluminium, Mangan), die zur chemischen Fällung (Umsetzung) und damit zur Immobilisierung führen. Die Pufferwirkung nimmt folglich mit dem Anteil an Tonmineralen und organischen Substanzen sowie der fällungsaktiven Elemente zu.

Für die Transformationsfunktion (d.h. die Umsetzung oder Verwandlung von eingebrachten Stoffen im Boden) ist vor allem die Aktivität der im Boden lebenden Mikroorganismen ausschlaggebend. Diese Transformationsfähigkeit steigt mit der Zunahme der organischen Substanz sowie günstiger Temperatur, Luft- und Feuchteverhältnisse.

Als Fazit entsteht die Forderung nach einem unversiegelten, bewachsenen Boden mit einer humusreichen Oberschicht und einem ausgeglichenen Körnungs-Gefüge (sowohl Sand als auch Ton- und Schluffanteile). Die pH-Werte sollten sich zwischen 5,5 und 7,5 bewegen, um optimale Verhältnisse zur Entfaltung eines guten Filter-, Puffer- und Transformationsvermögens zu garantieren.

Unversiegelte Böden leisten nicht nur einen immer bedeutsamer werdenden Beitrag zur Grundwasserneubildung, sondern bieten je nach Ausprägung Lebensraum für unterschiedliche Pflanzen und Tiere. Diese wiederum begünstigen durch ihre Existenz, ihre Rückstände (Streu) und Ausscheidungsprodukte die Bodenentwicklung (Humusbildung) und dienen wiederum als Lebensgrundlage für andere Organismen (vgl. auch: „Bodenrichtwerte" im Anhang).

Flora und Fauna

Um eine Freifläche nicht nur in einen sinnvollen pädagogischen, sondern auch ökologischen Kontext zu stellen, sollte bei Neu- und Umgestaltung von Freiflächen eine Vielfalt durch Biotoptypen erreicht werden, die von hohen Artenzahlen und ausgeprägter Vegetationsstruktur gekennzeichnet sind. Darunter ist zu verstehen: der Wechsel mehrerer Vegetationsformen unterschiedlicher Wuchshöhe, z.B. Wiese, Hochstaudenflure, Gebüsche und Baumbestände. Strukturvielfalt ist oft ein Indiz für die wünschenswerte Habitatvielfalt (Qualität eines Lebensraumes) des Lebensraumes. Der Zusammenhang zwischen Flora und Fauna ist offenkundig – eine reichhaltige Flora bedingt immer auch eine vielfältige Tierwelt.

Ein unversiegelter und mit Pflanzen bewachsener Boden bietet die besten Voraussetzungen für die Wiederherstellung verlorengegangener Bodenpotentiale. Der Besatz der oberen Bodenschicht mit Bakterien, Knöllchen-Bakterien und Pilzen setzt wieder ein. Die oberen Zentimeter eines natürlichen Bodens bieten auf einen Quadratmeter bis zu 10^{12} Bakterien, 10^{12} Pilzen und 10^{13} Knöllchen-Bakterien Lebensraum.

Die Pflanzenwurzeln sowie die Mikro- und Mesofauna (Rädertiere, Strudelwürmer, Fadenwürmer und Kleinkrebse) sorgen für die tiefgründige Löcherung des Bodengefüges, der mikrobielle Aufbau führt zur Ausbildung eines humosen Oberbodens. Als Schadstoffsenke, als Standort für Pflanzen, als Lebensraum für Mikrofauna und als Ort der Speicherung und Abgabe von Wasser erhält der Boden seine Funktionstüchtigkeit zurück.

Der Entwicklung des Bodenlebens sind allerdings auch enge Grenzen gesetzt. Für die Mikrofauna stellt die Wasserversorgung eines unversiegelten Bodens den minimierenden Faktor dar. Kleinststandorte von 10 - 100 m² sind nicht stabil genug, um die Ansprüche der Bodenlebewesen in vollem Umfang zu befriedigen.

Kleinräumlich strukturierte Bereiche, wie sie Kindertagesstätten darstellen, verlassen die Ebene des Bebauungsblocks oder des Straßenraumes nicht. Dennoch ist es sinnvoll, Entsiegelungsmaßnahmen dort zu beginnen. Sie stellen eine soziale Akzeptanz und Relevanz für solche Projekte bei Eltern, Nachbarn, Kindern, Jugendlichen und ErzieherInnen her.

Neben der Biotopvernetzung sind besonders die Maßnahmen der Dach- und Fassadenbegrünung als flankierende Maßnahmen zu nennen, die weitere ökologische und ästhetische Grün-Effekte garantieren. Bei hochreichender Bebauung sind Dach- und Wandflächen die Hauptumsatzebenen von Strahlung. In der Regel ist aber auch eine direkte Einstrahlung bis zum Boden zu beobachten. Die Abschirmung übermäßiger Strahlung durch Vegetation trägt dazu bei, die Überhitzung der Oberflächen zu verringern und somit klimatisch einen Ausgleich zu schaffen.

Fassadenbegrünungen üben ganzjährig einen Dämpfungseffekt aus, was sich im Sommer durch niedrigere und im Winter durch höhere Wand- und Oberflächentemperaturen bemerkbar macht. Differenzen zwischen den Oberflächentemperaturen bewachsener und unbewachsener Hauswände können an Strahlungstagen zur Mittagszeit im Mittel rund 9° C betragen.

Die starken Temperaturunterschiede versiegelter gegenüber unversiegelten Oberflächen sind meßbar. Die Oberflächentemperatur unter einer geschlossenen baumbestandenen Fläche liegt um 20° C niedriger als auf einer freien Asphaltdecke. Kinder sollten grundsätzlich nicht extremen thermischen Einflüssen ausgesetzt sein.

Die Materialauswahl für Freiflächen ist einfach, da Beläge nur aus zwei Materialkonstanten bestehen: der Wärmeleitfähigkeit und dem Reflexionsvermögen. Wenn eine weiße Mauer 30 Prozent mehr reflektiert als eine graue Wand, bedeutet dies eine sorgfältigere Vorauswahl der Farbbeläge. Die Wärmeleitfähigkeit von Bodenmaterialien ist sehr exakt ausgemessen worden.

Gut leitende Baumaterialien wie Granit, Basalt, Marmor, großporige Natursteine wie Sandstein und Muschelkalk leiten die an der Oberfläche entstandene Wärme schnell durch Speicherung ab. Die Erwärmung an der Oberfläche geschieht langsamer – bei nachlassender Einstrahlung geben gut leitende Baumaterialien die Wärme relativ schnell wieder ab –, während Materialien wie Beton, Asphalt, Vollziegelsteine, Bitumen und Dachpappe aufgrund ihrer geringen Wärmeleitfähigkeit an der nächtlichen Überwärmung der Innenstädte maßgeblich Anteil haben. Die maximalen Oberflächentemperaturen von drei Bodenbelägen verdeutlichen dies:

dunkler Asphalt	42,7 ° C
dunkelgrauer Asphalt	40,4 ° C
hellgrauer Granit	30,5 ° C

(Bartfelder und Köhler 1987, S. 60)

Es sind oft kleine Dinge, die große Wirkungen hervorbringen. So kann selbst eine begrünte Pflasterfuge zu einer spürbaren Reduzierung der Oberflächentemperatur führen.

Oberflächentemperaturen von Materialien und Fugen:

Fahrbahn aus Granitpflaster:

Kopf der Granitsteine	38 °C
vegetationslose Fuge	43 °C
vertiefte Fuge mit 60 % Silbermoos	42 °C
vertiefte Fuge mit 95 % Mastkraut	32 °C

Gehweg aus Betonplatten:

Betonplatte oberhalb	40 °C
Fuge, kümmernder Bestand von Weißklee	30 °C
üppiger Bestand von kriechendem Knöterich, legt seine Triebe der Länge nach einige Dezimeter über die Betonplatte	25 °C

(Hard 1982, S. 165)

Bei Oberflächentemperaturen von Vegetationsflächen wie z.B. Rasen ist besonders die klimatisch entlastende Wirkung der nächtlichen Abkühlung hervorzuheben.

Entsiegelungsmaßnahmen (und als flankierende Maßnahmen die Fassaden- und Dachbegrünung) auf öffentlichen Grundstücken sollten dazu führen, ein vielfältiges Spektrum von Lebensräumen zu realisieren. Pausenhofflächen an Schulen und Freiflächen von Kindertagesstätten bieten sich hierfür besonders an.

Artenschutz
Unterschiedliche Biotope sollen erläutert werden, um eine Vorstellung über die Bedeutung für den Artenschutz in der Tier- und Pflanzenwelt zu vermitteln:

Pflasterfugen

Ausbreitungschancen auch an stark betretenden Stellen für Grab-Wespen und mehrere Bienenarten. Kräuter dienen als Nahrung für Waldmaus und Grünfink.

Kleinbiotope - Liegengelassenes oder Gehäuftes

- Steinhaufen, Natursteinmauern, Totholzhaufen, locker geschüttetes Abbruchmaterial, lose Trittplatten sind Wohnstätten für Eidechsen, Wirbellose und andere Reptilien.
- Orte der „Unordnung" haben als Schutz und Fluchtzone und als Über-

J. ROSSBACH 92

winterungsmöglichkeiten ihren besonderen Wert.

Heckenbiotope

- Lebensraum für Kleinsäuger, Vögel, Reptilien, Amphibien, Insekten und Spinnen
- Geschütztes Innenklima und ideale Überwinterungsmöglichkeit
- Reichhaltige Nahrungsquellen (Nektar-und Pollenspenderpflanzen) für Bienen, Wespen, Schmetterlinge, Beeren, Früchte für Vögel; Laub und Rinde
- Straßen- und Wegehecken dienen zusätzlich als Abgas-, Staub- und Lärmfilter.

Baumbiotope

- Wohnstätten für kleinere Tiere
- Selbst von geschlossener Bebauung umgebene heimische Einzelbäume beherbergen eine reichhaltige und charakteristische Fauna.

Fassadenbegrünungen

- Berankte Fassaden bieten busch- und baumbrütenden Vogelarten Nist- und Brutplätze. Das vermehrte Angebot an Kleintieren stellt für insektenfressende Vogelarten eine erweiterte Nahrungsgrundlage dar.

Angesichts der schwindenden Zahl natürlicher Lebensräume und der ständig ansteigenden Zahl auf der Liste bedrohter und stark gefährdeter Tierarten sollte die Schaffung neuer Biotope und auch Kleinstbiotope ein hohes Gebot sein.

Aus ökologischer Sicht sollte eine Entsiegelungsmaßnahme nicht als Änderung der Bodenbeläge durchgeführt werden, weil sich dann die Effekte nur auf eine erhöhte Grundwasserspende und einen somit verminderten oberflächlichen Niederschlagsabfluß beschränken. Eine Entsiegelung sollte die vollständige Beseitigung der vorhandenen Beläge bezwecken mit dem Ziel einer unversiegelten Grünfläche. Die ökologisch positiven Effekte daraus umfassen alle relevanten Umweltbereiche (Boden, Wasserhaushalt, Klima, Lufthygiene, Artenschutz).

Gestalterische/planerische Grundprinzipien für den Neu- und Umbau von Außenanlagen

Die Bemühungen von Bauherren und Planern sind gekennzeichnet von dem Versuch, Kindertagesstätten individueller, kindgemäßer und phantasievoller zu gestalten. Dem Anspruch „Architektur ist gebaute Pädagogik" werden bei näherem Hinsehen jedoch nur die wenigsten gerecht, weil eine große Lücke zwischen einer professionell begründbaren Erwachsenenästhetik und dem tatsächlichen Spiel- und Erlebnisdrang von Kindern und Jugendlichen klafft.

Rechteckige, phantasielos gestaltete Räume, die von einem langen Flur abgehen, bieten für Kinder kaum Eroberungsmöglichkeiten. Aber auch der vollständig bis in den letzten Winkel durchstrukturierte Bau nimmt Kindern die Möglichkeit, eigene Kräfte zu mobilisieren und Phantasie zu entwickeln. Selbst ein noch so pädagogisch bemühtes Konzept ist nicht davor geschützt, zu einem starren System zu werden, wenn es architektonisch umgesetzt wird. Deshalb bedarf jede konzeptionelle Vorüberlegung einer Überprüfung am realen Ort mit den real dort spielenden Kindern und den Erwachsenen. Allgemein läßt sich festhalten, daß Kinder ihre bevorzugten „Spielorte" in Toreinfahrten, auf Mülltonnenplätzen, an Mauern und an Zäunen zum Nachbargrundstück finden und sie es auf offiziellen Spielplätzen vorziehen, in den Bepflanzungen, an Pfützen und unter Bäumen zu spielen statt mit den Spielgeräten selbst. Diese immer wieder zu machenden Beobachtungen geben einen wichtigen Hinweis auf viele Gestaltungsfragen: Kinder haben eine ungebrochene Neugier und das Bedürfnis, sich die undefinierte Umwelt aktiv anzueignen, zu experimentieren, die Phantasie auszuleben.

Außenräume sollten offene, nicht festgelegte Strukturen anbieten, damit sie Entfaltung, Kreativität und Selbstbestimmung ermöglichen können.

- Kinder wollen bestimmte Orte für sich in Beschlag nehmen.
- Kinder besetzen bestimmte Orte.
- Kinder grenzen sich und das Territorium ab.
- Kinder nutzen das Territiorium ständig um.
- Kinder nehmen ständig materielle Veränderungen vor.

Auf den meisten Spielgeräten können Kinder nur das spielen, was das Gerät vorgibt. Die Monofunktionalität der Spielgeräte unterbindet kreative Gestaltungsmöglichkeiten, so daß die Handlungspotentiale (Erkunden, Probieren, Verwerfen, Ändern, Neuanfang) stark reduziert sind.

Wie sollte das Gelände um eine Kindertagesstätte herum gestaltet sein, um Aktivitäten von Kindern zu unterstützen?

Grundsätzlich sollten alle Gruppenräume von Kindertagesstätten einen eigenen Ausgang nach draußen haben, so daß der Gruppenraum zum Außenraum hin verlängert wird. Jeder Gruppenraum sollte einen eigenen Gruppengarten (von maximal 40 m²) haben, der direkt im Erkundungsbereich der Kinder liegt – unterhalb der eigenen Fenster, direkt hinter der Tür. Daß dieser Außenraum besonderer architektonischer Gestaltung bedarf, sollte selbstverständlich sein: Pergolen, Überdachungen, Sichtgitter sollten den Übergang von Innen/Außen betonen und zum Beispiel ein Verweilen auch bei Übergangswetter möglich machen.

Während der Außenspielbereich um die Gruppenräume herum kleinteilig und individuell gestaltet bleiben sollte, werden die restlichen Flächen des Außenspielbereiches so gestaltet, daß auch geheimnisvolle, abenteuerliche Winkel und Ecken vorkommen. Schleichpfade durchs Gebüsch, Kriechtunnel aus Weidenruten, Laubhöhle und Iglus sollten im Gelände eingebaut sein.

Da bei Neubauten nahezu das gesamte Gelände durch die Bautätigkeit in Mitleidenschaft gezogen wird und sein ehemals „natürliches" Aussehen verliert, sind die Überlegungen für Umgestaltungen von Freiflächen an bereits vorhandenen Kindertagesstätten nahezu identisch. Während bei letzteren eine (Teil-)Entsiegelung harter Bodenbeläge zusätzlich vorgenommen werden muß, ist der nächste Schritt, dem Gesamtgelände in der Reliefstruktur und der Bepflanzung ein möglichst natürliches Aussehen wiederzugeben.

- Geländemodellierungen wie Hügel, Wälle, Mulden, Abhänge und Senken sind unerläßlich, wenn das Gelände keinerlei natürliche Strukturierungselemente (mehr) aufweist.
- Bepflanzungen sollen diese neue Struktur unterstützen: Bäume, Strauchgruppen, Wiesen und dichtes Unterholz im Wechsel schaffen unterschiedliche grüne Räume.
- Bodenbeläge sollten den unterschiedlichen Nutzungen entsprechen. Monotone große Flächen mit einer Belagart sind zu vermeiden.
Wiese, Erdboden, Sandflächen, Kies, Steine, Holzpflaster, Holzbohlen, Waldboden sollten im steten Wechsel stehen. Freiflächen im Bereich der Gruppenräume sollten eine wasserdurchlässige Pflasterung haben (Granitstein mit Rasenfuge, Holzpflaster), damit die Gruppe im Sommer mit den Sitzmöbeln nach draußen umziehen kann.

Diese drei Komponenten gehören in den Gestaltungsrahmen, in dem ein Außengelände gefaßt sein sollte. Sind diese Komponenten gut gelöst, können fast alle Entdeckungs- und Bewegungsspiele abgedeckt werden. Es ist zwar schwer, sich vorzustellen, eine Kindertagesstätte sollte ohne jedes Spielgerät auskommen können, aber die These ist nicht abwegig, die besagt, daß ein gut gestaltetes Außengelände Spielgeräte weitgehend überflüssig macht. Wir finden in der Realität eher das Gegenteil: mit Spielgeräten vollgespickte glatte

Flächen, die das Gelände nicht fröhlicher stimmen und von den Kindern wenig genutzt werden.

Sozio-kulturelles Umfeld

Kindern sind die Inhalte der Begriffe Kompetenz und Zuständigkeit wesensfremd. Neugierde an der Welt, d.h. an Menschen und vor allem an sie umgebenden Dingen, Nachahmung und Mittun machen sie selbst für sich kompetent und zuständig, ohne Erwachsene zu fragen. Kinder sind im einfachen Sinne Weltbürger, d.h. weltoffen; sie kennen weder Grenzen und Begrenzungen noch Eingrenzungen, die die Erwachsenenwelt signifikant einengen. Da gibt es rassistische Ausgrenzungen, die Festlegung von arm und reich, von fähig und unbegabt, von möglich und undenkbar, von wichtig und nebensächlich. Erwachsene üben Kinder in ihre (späteren) Lebensmuster ein – aus einer übergreifenden (Welt-)Sicht des Kindes wird allemal eine zweckgerichtete Sicht zurechtgestutzt, die polare Unterschiede benennt und anerkennt.

Der Spracherwerb des Kindes ist ein autonomer Prozeß, der unter den Augen der Erwachsenen geschieht, der die eigenständige Transformation vom lallenden Säugling zum sprechenden Kind zeigt. Die frühe Kindheit bezeichnet einen Sprachraum, in welchem das Kind sich noch unzensiert und unreglementiert ausbreiten kann. Mit Eintritt in die Schule wird aus dem sprachlichen Souverän ein Analphabet. LehrerInnen vermitteln oft den Eindruck, daß sie bei den Erstklässlern „bei Null" anfangen. Die pädagogische Arbeit besteht u.a. darin, in den Grundschuljahren herauszufinden, wer von den Kindern schnell oder langsam, umständlich oder behende, legasthenisch oder sprachbegabt ist.

Die Kindertagesstätte hat, im Gegensatz zur Grundschule, mehr Möglichkeiten, mit der Offenheit der Kinder zu arbeiten und sie wachzuhalten. An Kindern, die mühelos Zäune überwinden und Kontakte aufnehmen, wo Erwachsene schweigsam aneinander vorübergehen, läßt sich lernen, wie Nachbarschaft und Umfeld lebendig werden.

Alle beabsichtigten Umgestaltungsprojekte im Außenraum sollten auf die positive Resonanz der Umgebung stoßen. In allererster Linie betrifft dies die Einbeziehung der Familien, die ihre Kinder in die Einrichtung schicken. Es sind nicht nur die Eltern, die informiert werden, sondern ebenso ältere Geschwister-kinder, Großeltern und andere Verwandte oder Bekannte. Der Kreis dieser Menschen stellt für eine Kindertagesstätte eine große soziale Ressource dar, die für Projekte genutzt werden kann. Es ist erstaunlich, wieviel Selbsthilfe in organisatorischer, materieller und personeller Hinsicht möglich ist, wenn viele Menschen darüber informiert werden, welche Projekte nach außen geplant sind. Der Großvater eines Kindes war Zimmermann, er bietet sich an, mit Kindern gemeinsam ein Spielhaus aus Schwartenholz und eine Sitzbank aus Stämmen zu bauen. Ein Vater bietet an, mit Hilfe eines Bekannten Baumstäm-me aus dem Forst abzuholen und in die Kindertagesstätte zu fahren.

Der Kreis der Helfer ist groß – er lebt zunächst unerkannt und ungenutzt und oft in allernächster Nachbarschaft.[1] ErzieherInnen müssen weder alles wissen und noch weniger alles selber tun. Wer einen passionierten Vogelliebhaber kennt, sollte ihn in die Kindergruppe einladen und einen gemeinsamen Spazier-gang durch den nahen Stadtpark machen – er wird den Kindern Vogelstimmen hörbar machen und Geschichten über ihre Lebensgewohnheiten erzählen können. Es gibt viele ältere Menschen, die froh wären, ihr Praxiswissen an Kinder weiterzugeben: Handwerker, Imker, Gärtner, Förster, Waldarbeiter usf. Sie können nicht nur viel erzählen – sie können auch Ratschläge geben, und sie können in der Natur auf Dinge aufmerksam machen, die Erwachsene oft genug übersehen. Örtliche Naturschutzverbände oder Vereine können helfen solche Menschen zu finden. Eine Liste von Umweltinitiativen ist im Anhang abgedruckt. Sie kann helfen, den Aktionsradius für praktische Projekte zu erweitern.

---

1   Die Mithilfe dieser Personen ist sogar in einigen Bundesländern ausdrücklich erwünscht, so z.B. in der Kindertagesstätten-Personalverordnung des Landes Brandenburg im § 12: „Der zusätzli-che Einsatz von ehrenamtlichen und nebenamtlichen Kräften, insbesondere zur Unterstützung der pädagogischen Fachkräfte, zur Bereicherung der pädagogischen Arbeit, zur Förderung der Beziehungen zur Nachbarschaft und zum Berufsleben der Erwachsenen ist zulässig und soll im angemessenen Rahmen gefördert werden. Diese Kräfte sind nicht Teil des notwendigen pädagogischen Personals nach §§ 2,3,4 und 5 dieser Verordnung. Sie müssen persönlich und gesundheitlich für die Arbeit geeignet sein."

Planungsempfehlungen und Planungsbeispiele für Neu- und Umbau von Kindertagesstätten

2

Die ökologische Orientierung einer Neubaumaßnahme umfaßt nicht nur eine Empfehlung, bestimmte Materialien zu benutzen und andere (weitgehend) zu vermeiden. Eine solche Vorgabe wäre rein technischer Natur und ließe wesentliche Faktoren außer acht, die in Zukunft unbedingt Beachtung finden sollen.

Jeder Neubau soll an dem konkreten Ort, an dem er errichtet wird, auch einen eigenen Beitrag zur Ökologie leisten.

Wie bereits ausgeführt, hat der uns umgebende Lebensraum keine ausgeglichenen Luft- und Wasserhaushalte. Eine Neubaumaßnahme soll dem Rechnung tragen. Ein teilweise offener und an anderen Stellen wasserdurchlässiger Boden läßt Regenwasser wieder ins Grundwasser absickern und führt es nicht über eine Oberflächenentwässerung den städtischen Abwässerkanälen zu.

Der Lufthaushalt wird dadurch positiv stimuliert, daß möglichst viele Laubbäume, Fassadenbegrünungen, Hecken und Sträucher gepflanzt werden. Gute Wuchsbedingungen für Pflanzen zu schaffen bedeutet auch, die Lebensmöglichkeiten für Bodenorganismen zu verbessern. Die Fähigkeit der Pflanzen sowie der Bodenorganismen, Schadstoffe zu binden, sollte intensiv in der Gestaltung genutzt werden. Verschattung führt zur Temperaturminderung und zur Erhöhung der relativen Luftfeuchtigkeit. Dieses sind zwei weitere Faktoren, die sowohl von Kindern als auch von Erwachsenen als klimatisch angenehm empfunden werden.

Ein Bewußtseinswandel innerhalb der Pädagogik vollzieht sich auch im Bereich der Kindertagesstätten. Statt einer bislang üblichen Ausstattungsarchitektur zu folgen, die den Außenraum mehr oder weniger standardisiert möblierte, gehen jetzige Überlegungen und Forderungen dahin, den Außenraum zu einem eigenen Erlebnisraum zu gestalten, den Kinder aktiver nutzen und umnutzen können. Die Abkehr des Angebots von monofunktionalen Geräten (Rutsche, Karussell, Wippe, Reck, Wipptier) ist zugleich eine Abkehr von der Spielzuweisung durch Geräte. Die Geräte hatten mit dem „Außen" relativ wenig zu tun – sie waren nur zu groß, so daß sie nicht innen aufgestellt werden konnten.

Das Außen neu aufzufassen und zu gestalten bedeutet, daß nun Faktoren wie Wind, Klima, Jahreszeit, Wetter als Erscheinungsbild der Natur im Ensemble von Bäumen, Büschen, Stauden, Hügeln, Wällen zur be-greifbaren Mitwelt werden. Nur der kann ein Verhältnis zur Umwelt aufbauen, der die Möglichkeit hatte, sie und sich in ihr zu erleben. Das geschieht am besten durch praktisches und beispielhaftes Tun der ErzieherInnen, indem diese wiederum die Nachahmung und das Mittun der Kinder fördern.

Die Außenraumgestaltung macht mit diesen neuen pädagogischen Ansätzen eine qualitative Aussage. Bislang waren Ausführungen auf eine bestimmte *optische* Aussage hin orientiert, die mit der Ästhetik der Erwachsenen übereinstimmte. Klare, überschaubare Settings auf relativ ebener Fläche garantierten Übersicht und zugleich Einfachheit in der Pflege und Wartung der Außenanlagen. Ein ökologisch und pädagogisch gewandelter Ansatz gibt den *haptischen* (den Tastsinn betreffend) Aussagen in der Gestaltung größere Priorität. *Haptische* Gestaltungen fordern die Sinne heraus, regen an, beleben und motivieren.

Unterschiedliche Bodenbeläge sowie Bodenreliefgestaltungen vermitteln dem Fuß Erlebnisqualitäten; Bäume, Büsche, Stauden sollen so ausgesucht sein, daß sie Kindern Natur nahebringen. Pflanzen sollen angefaßt werden können, sie sollen zu riechen und (teilweise) zu schmecken sein. Die Sinne werden durch Materialien, Farben, Formen und Bewegung angeregt. Die Gestaltungsmöglichkeiten sind vielfältig und keineswegs eingeengt und reglementiert.

Unabhängig von der Frage, ob ein Neubau geplant ist oder die Umgestaltung einer Freifläche, gibt es drei Gestaltungsbereiche, die sich voneinander unterscheiden:

- *Spiel/Bewegung*
- *Rückzug/Ruhe*
- *soziale Kommunikation*

Die Aufteilung in drei Funktionsbereiche sagt weder etwas über ihre Dimensionierung aus, noch gibt sie Vorgaben, wie diese Trennung gestalterisch zu lösen sei. Es sind auch Gestaltungsvarianten denkbar, die so angelegt sind, daß auf derselben Fläche mehrere Funktionen nacheinander oder gleichzeitig stattfinden können.

Ökologisch bauen heißt in diesem Sinne nicht nur, die Funktionen in der Gestaltung pädagogisch abzusichern, sondern auch, den kostendämpfenden Charakter für Pflege und Wartung zu betonen.

Die nachfolgende „Check-Liste" wurde für die Ausführung von Bauvorhaben im Bereich von Kindertagesstätten/Außenanlagen entwickelt.

Allgemeine Planungsgrundsätze

lfd. Nr.	Bezeichnung	Ausführungsempfehlung
1	Die Ausstattung sollte Geräte und Spielmöglichkeiten für alle Altersgruppen, die Kindertagesstätten besuchen enthalten.	
2	Die Aufteilung der Außenanlage sollte in einem Bereich zumindest eine große, zusammenhängende Spielfläche bilden, auf der in der Regel Rasen- oder ggf. Ballspiele stattfinden können.	Bei stabilem Unterbau kann die zusammenhängende Fläche gleichzeitig als Feuerwehrauffahrt, Anlieferung, Ver- und Entsorgung etc.dienen. Ballspiele brauchen eine Wand oder einen Ballfangzaun an der Grundstücksgrenze. Rankbegrünung dafür vorsehen.
3	Andere Bereiche sollten kleinräumlich gegliedert sein. Möglichkeiten zum Verstecken sind erwünscht.	Die Gestaltung von Raumteilern sollte immer im Zusammenhang mit Begrünung geschehen. Pergolen sind dann „funktionstüchtig", wenn zwischen die Pfeiler Rankgitter (Treillagen) aus Holz gesetzt werden, an denen blühende Rank- und Kletterpflanzen wachsen. Halbtransparente, geschlossene Räume differenzieren das Spiel auf der Außenfläche.
4	Für stark besonnte Bereiche bzw. den Sandkasten ist ein Sonnenschutz in Form von	

Pergolen, Markisen oder als mobiles Sonnensegel vorzusehen, bis eine natürliche Beschattung durch Baumpflanzung gegeben ist.

5   Im Falle von angrenzenden Freiflächen (Grünanlagen, Schulhöfe, Spielplätze o.ä.) sollte in diesem Bereich ein einflügeliges Tor für die Kinder vorgesehen werden.

6   In Absprache mit der Kindertagesstätte ist ein Bereich für Kinderbeete vorzusehen.

Kinderbeete sollten mit unbehandelten Weichholzstämmen von mindestens 30 cm Durchmesser ein Drittel in den Boden eingegraben, eingefaßt und an verschiedenen Stellen im Gelände angeboten werden. Keine zentrale Gartenbeet-Anlage gestalten. Sollten die vorgestalteten Kinderbeete nicht genutzt werden, kann dort eine Wildwiese zum Beobachten gezogen oder ein Sommerblumenbeet angelegt werden.

7   Die An- oder Abfuhr vorhandener Erdmassen ist möglichst zu vermeiden. Die Planung sollte einen weitgehenden Massenausgleich erreichen.

8   Recyclingfähiges Material ist möglichst direkt wiederzuverwenden oder muß getrennt abfahrbar gelagert werden.

9   Eine Bodenverbesserung sollte grundsätzlich durch die Verwendung von städtischem Kompost erfolgen. Künstliche Bodenhilfsstoffe oder Torf sollten nicht verwendet wer-

Die Außenanlage sollte so gestaltet sein, daß Schnittgut (Rasen-, Baum- und Heckenschnitt) auf den Gehölzflächen abgelegt wird. In solchen Spieldickichten

35

den. (Eigene Kompostierung bietet sich an)

sollten, außer Müllentsorgung, keinerlei Pflegemaßnahmen stattfinden. Krautschichten in Vegetationslücken sollen nicht entfernt werden.

Ausstattungs- und Gestaltungselemente

lfd. Nr.	Bezeichnung	Ausführungsempfehlung
10	Sandspielbereich mit abgerundetem Rand und zumindest teilweise mit „warmem" Sitzbereich (z.B. Holzauflage).	z.B. unregelmäßig geschwungene Sitzlandschaft mit Holzauflage in Klinkerfassung auf Stützfundament mit zwei Einlässen.
11	wenn räumlich möglich: Wasserspiel- und Matschanlage (Frischwasser, kein stehendes Wasser).	siehe gesondertes Kapitel: Mit Wasser wird das Spielen erst schön.
12	Klettergerät mit diversen Spielmöglichkeiten in unterschiedlichen Schwierigkeitsgraden.	Sollte nicht auf ebener Fläche, sondern in Kombination mit Spielhügeln oder Mulden eingebaut werden. Nach Möglichkeit den Einbau von Solitärbäumen in die Spiellandschaft vorsehen (hohe Staubbindung, gute Verschattung bei Hitze, Windminderung, Sichtschutz).
13	Rutsche	mit Klettergerät kombinierbar. Bei Einzelaufstellung nur sinnvoll, wenn Einbau in einen begehbaren Hügel mit Senke möglich.
14	Tischtennisplatte (Mindestplatzbedarf: 7 x 4 m)	Nur, wenn genügend Außenraum vorhanden. Sonst: portable.

15	Spielhäuschen für Rollenspiele	z.B.: grüne Zimmer mit Hecken und Senken gestalten, hohe Holzpfähle drumherum, die mit Tüchern zu temporären Wohnzelten und Höhlen umgewandelt werden.
16	Schaukel	Eine Schaukel sollte immer vorgesehen werden, weil sie den Gleichgewichtssinn ausbildet. Großer Stellbedarf, deshalb mit 3 kombinieren, oder als Einzelgerät in eine mit Wällen eingepackte Mulde aufstellen. Solitärbäume sollten wegen der Verschattung in unmittelbarer Nähe gepflanzt werden.
17	Als Sitzgelegenheiten sind einfache, kindgerechte Modelle (Hockerbänke, auch mit Lehne, oder Eigenentwürfe aus Kanthölzern) in verschiedenen Sitzhöhen vorzusehen.	Kinder brauchen Sitzmöglichkeiten auf Rampen, Treppen, Absätzen; Balancierbalken aus Naturholz (Eiche, Lärche, Robinie), geschält und gefirnist, sind durch die Mehrfachnutzung ideal.
18	Rasenflächen	Rasen soll im richtigen Größenverhältnis zu Kindern und zur Gesamtfläche angelegt werden. Gehgewohnheiten von Kindern sind zu berücksichtigen. Das bedeutet: keine linearen und rechtwinkligen Wege anlegen, sondern den Schwung der Bodenreliefs mit den Wegen aufgreifen. Wege brauchen auch keine einheitliche Breite zu haben, sondern können sich verengen und ausweiten.
19	Vor den Eingängen und den Gruppenräumen sollte eine befestigte Fläche liegen.	Sinnvoll ist, den Hauptausgang in das Außengelände mit festem Bodenbelag (z.B. roter Pflasterklinker) zu versehen und einen Parcoursweg von mindestens 65 cm Breite so

durch das Gelände zu legen, daß Kinder sich mit Pedalos, Rollschuhen, Dreirad und Roller durchs Gelände bewegen können. Vor den Gruppenräumen sollen Gruppenaußenräume gestaltet werden, die Sitz- und Spielmöglichkeiten bieten. Die Bodenbeläge sollten dort jedoch variieren: Granitplatten, Klinker im Fischgrätmuster verlegt, Kleinmosaike in verschiedenen Farben, glatte Holzbohlen etc. Eine Sitzeinfassung zum angrenzenden Gelände ist geboten – sie grenzt das eigene Areal besser ein.

Technische Ausstattung

lfd. Nr.	Bezeichnung	Ausführungsempfehlung
20	Lose oder leicht zu lösende Materialien wie Kiesschüttungen im Traufenbereich sollten nicht verwendet werden.	
21	Möglichst innerhalb des Zaunes sollten mindestens zehn Fahrradständer vorhanden sein.	
22	Das gesamte Außengelände ist durch einen Zaun von 1,50 m Höhe einzufrieden. Innen begrünt, nach Möglichkeit beidseitig.	Wo immer möglich, sollte auf Metallzäune verzichtet werden; sie sind teuer und ökologisch unsinnig, weil keinerlei mikroklimatitische Verbesserungen zu bewirken sind. Zur befahrenen Straße hin sind Abgrenzungen zu gestalten, die den Schadstoffeintrag und den Lärm von der Straße reduzieren. Ökologisch sinnvoller als Metallzäune ist ein bepflanzter

Wall von 60-80 cm Höhe mit integriertem Pflanzschutzraum oder eine Klinkereinfassung mit Pfeilern und schmiedeeisernen Fächern. Müssen barfüßig begehbar sein

23 Vor allen Türen sind Roste vorzusehen.

24 Befestigte Traufstreifen sind an allen spritzwassergefährdeten aufgehenden Mauerteilen vorzusehen.

25 Die Entwässerung sollte möglichst über oberflächliche Verrieselung und Sickergruben erfolgen.

siehe auch technische Detailzeichnung einer natürlichen Sickergrube mit großen Findlingen.

26 Bewässerungsmöglichkeit der Außenanlage muß vorhanden sein.

Pflege und Wartung

lfd. Nr.	Bezeichnung	Ausführungsempfehlung
27	Für die Pflege und den Sandwechsel sollte ein Tor für Fahrzeuge von mindestens 3 m Breite vorgesehen werden.	
28	Zufahrtstor mit mindestens 3 m Durchfahrtsbreite.	
29	Befahrbarkeit für maschinellen Sandwechsel (3-Achser mit Greifarm).	Der Standort des Sandkastens sollte so gewählt sein, daß ein 3-Achser nicht das gesamte Gelände durchqueren muß. Das reduziert die Möglichkeit, das Gelände durch Reliefs zu gestalten, erheblich.
30	Besondere Pflanzenauswahl, angepaßt an die	

39

spätere Nutzung (Giftpflanzen, Strapazierfähigkeit ...).

31   Bei entsprechendem Baum-
      bestand sollte ein Befahren mit
      Hubsteiger möglich sein.

32   Es erfolgt keinerlei Einsatz von
      Spritzmitteln.

33   Eine Düngung darf nur durch
      organische oder organisch-
      mineralische Dünger erfolgen.

Verkehrssicherungspflicht

lfd. Nr.	Bezeichnung	Ausführungsempfehlung
34	Bepflanzung: keine giftigen oder stacheligen Pflanzen verwenden. Keine Bodendecker verwenden. Alle Pflanzflächen sollten von den Kindern benutzt oder begangen werden können. Die verwendeten Sträucher sollten daher sehr robust sein und bereits in einer entsprechenden Größe gepflanzt werden.	siehe gesondertes Kapitel – Hinweis Pflanzliste.
35	Notwendigkeit der Beschilderung prüfen (z.B. Hundeverbot, Anlieger-parkplätze).	
36	Sicherheitsabstände und nachbarschaftsrechtliche Belange prüfen und beachten.	Pflanzpläne bei Neu- und Umbau auf die Bepflanzung der Nachbargrundstücke abstimmen. Das garantiert eine Biotopvernetzung, wie sie im innerstädtischen Raum selten möglich ist.

37   Bei Wasserspielanlagen sind
      die Vorgaben des Stadt-
      gesundheitsamtes zu beach-
      ten.

Erschließung

lfd. Nr.	Bezeichnung	Ausführungsempfehlung

38   Im Anfahrtsbereich, im Bereich
      des Eingangs bzw. im öffentli-
      chen Straßenraum sollte eine
      Haltebucht oder eine Aus-
      steigemöglichkeit für mit PKW
      gebrachte Kinder vorgesehen
      werden.

39   Drängelgitter im Eingangs-
      bereich sind ggf. vorzusehen.

40   Die Unterbringung der Müll-
      container sollte so nahe wie
      möglich an der Straße sein. Es
      müssen in der Regel ein
      Container mit 1 cbm sowie
      2 Tonnen à 240 l und 2 Tonnen
      mit 120 l untergebracht wer-
      den. Hier bietet sich die
      Möglichkeit zum Recyclen!

Der Müllstandort sollte so
durchgestaltet werden, daß
man die Container und Tonnen
wenig sieht. Keine Rankgitter
aus gesintertem Stahl anbringen, sondern eine Lösung aus
Holz oder Stein gestalten. Eine
Abgrenzungsmauer in 1,50 m
Höhe, an der auch schatten-
verträgliche Rankpflanzen
wachsen, kombiniert mit einem
Rankaufsatz (Seitengitter plus
Dachquerbalken) aus Holz ist
pflanzenverträglicher als jede
Stahlgittervariante.

42   Für Feuerwehrwege sollte
      Schotterrasen oder Beton-
      pflaster mit Rasenfuge o.ä.
      verwendet werden. Die übli-
      chen Rasenkammersteine (BG-

Feuerwehrauffahrten können
auch als breite Streifen, mit
Radstandbreite durch eine
Wildwiese geschwungen,
durchs Außengelände geführt

41

Steine o.ä.) sind im Kindertagesstättenbereich nicht verwendbar.

werden. Der Unterbau der Spuren muß sorgfältig verdichtet werden.

43   Ausstattung der Zugangstore mit Schließanlagen (Polizei/ Feuerwehr).

Da diese „Check-Liste" lediglich eine Aussage über Ausstattungsstandards macht, kann man seiner Phantasie freien Lauf lassen und z.B. eßbare Zäune (aus Beeren- oder Obststräuchern), Obstbäume oder auch Gemüse (Bohnen, Erbsen etc.) mit in die Planung aufnehmen.

Die Zukunft der Kindertagesstätten wird sich mehr in die Richtung ökologischer Orientierung bewegen. Die Gestaltungswünsche streben einen Bewegungs- und Sinnesgarten an, der nutzerfreundlich, sinnenbewußt und offen sein soll.
    Um dieses Ziel zu erreichen, werden neue, ökologische Kriterien hinzugezogen, die mehr und mehr Bedeutung gewinnen.

Bundesgesundheitsamt Berlin

Chemischer Holzschutz auf Kinderspielplätzen

(...)

Das Bundesgesundheitsamt vertritt aus gesundheitlichen Vorsorgeerwägungen grundsätzlich den Standpunkt, daß chemischer Holzschutz nur dort zur Anwendung kommen sollte, wo er sich nach Nutzen/Risiko-Abwägungen als unerläßlich herausstellt. Das trifft insbesondere für Kinderspielplätze zu.

Hier sollten zunächst alle Möglichkeiten des nichtchemischen Holzschutzes wie der Einsatz von geeigneten resistenten Holzarten (z.B. Robinie, Eiche) sowie konstruktive Maßnahmen ausgeschöpft werden. Holzteile von Spielgeräten, mit denen Kinder in häufigen Hautkontakt gelangen, wie z.B. Sandkästen, Handläufe, Sprossen, Sitzflächen u.a. sollten nicht mit Holzschutzmitteln behandelt werden.

Bei Kinderspielgeräten aus Holz mit hohen statischen und dynamischen Beanspruchungen, bei denen durch die o.g. Maßnahmen kein ausreichender Holzschutz erreicht werden kann und die Verminderung der Standsicherheit durch Fäulnisprozesse eine Unfallgefahr darstellt, sollte eine Imprägnierung ausschließlich mit fixierenden wasserbasierten Holzschutzmitteln erfolgen, die das Prüfzeichen des Instituts für Bautechnik tragen und somit auch vom Bundesgesundheitsamt gesundheitlich bewertet wurden.

Nach der Fixierung, d.h. nach einem mehrere Tage dauernden Umwandlungs- und Bindungsprozeß des Holzschutzmittels an das zu imprägnierende Holz, sollten lösliche Reste der betreffenden Holzschutzmittel von der Holzoberfläche durch Abspritzen mit Wasser entfernt werden, um jegliche Risiken möglicher gesundheitlicher Beeinträchtigungen bei Hautkontakt mit dem imprägnierten Holz auszuschalten.

Von der Deutschen Gesellschaft für Holzforschung e.V. München und dem Bundesverband der Spielplatzgeräte- und Freizeitanlagen-Hersteller e.V. Düsseldorf wird gegenwärtig unter Mitwirkung des Bundesgesundheitsamtes, des Umweltbundesamtes, des Deutschen Instituts für Bautechnik (DIBt), Berlin, und der Bundesanstalt für Materialprüfung und -forschung, Berlin, ein Merkblatt für Holzschutzmaßnahmen bei Kinderspielplatzeinrichtungen erarbeitet, das noch in diesem Jahr veröffentlicht werden soll. Es enthält über den Rahmen der DIN 7926 – Kinderspielgeräte – hinausgehende Ausführungen zu speziellen Fragen des Holzschutzes an Kinderspielgeräten unter besonderer Berücksichtigung gesundheitlicher und umweltbezogener Belange und soll künftig als Richtlinie für Holzschutzmaßnahmen an Kinderspielgeräten dienen.

Im Auftrag
Dr. H. Reifenstein

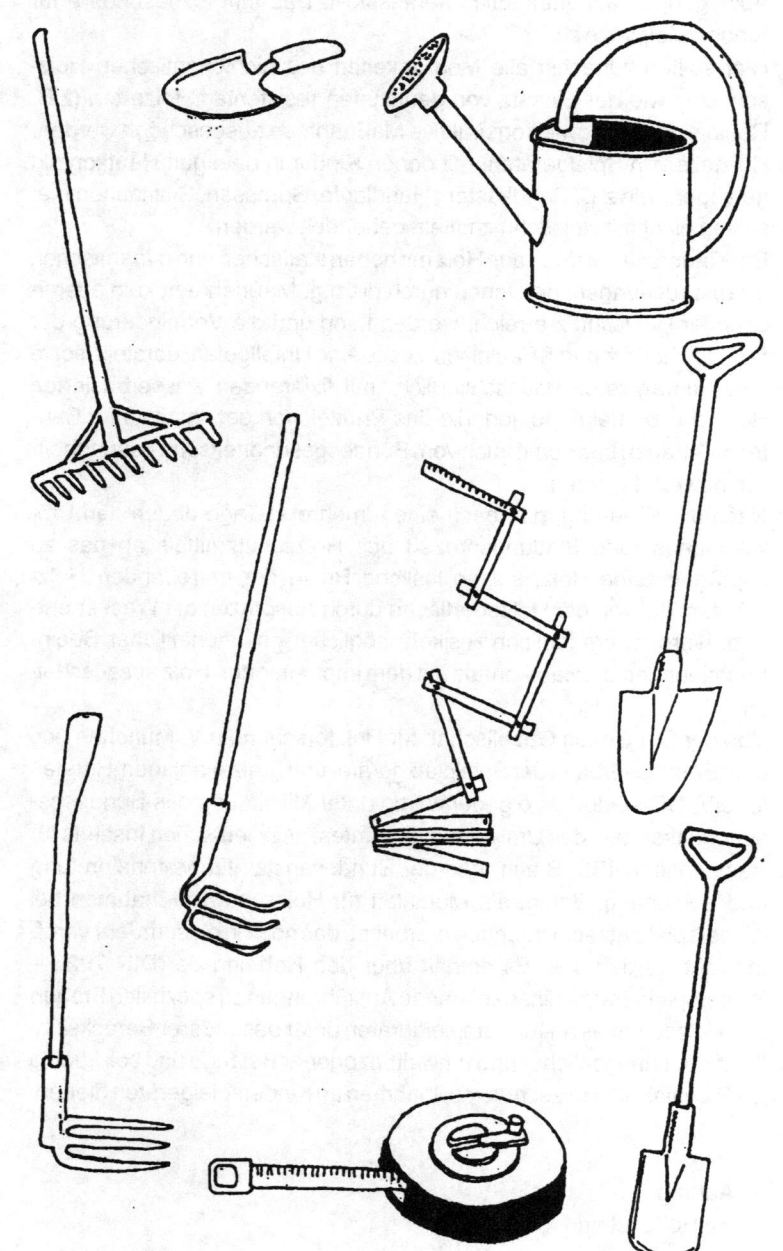

Ökologisch orientierte Gestaltungskriterien

Reduzierung des Versiegelungsgrades, Erhöhung der natürlichen Versickerung von Niederschlägen auf dem Gelände

Der Grad der Versiegelung ist auf ein Minimum zu beschränken. Versiegelte Flächen sollten aus hell reflektierendem Material sein und mit Rasenfugen versehen werden. Beton und Asphalt sind aus mikroklimatischen Gründen (hoher Aufheizungsgrad, geringe nächtliche Rückkühlung, keinerlei Staubbindung) auf das unbedingt notwendige Maß zu reduzieren. Kunststoffbeläge (Tartan, quarzsandverfüllte Kunstrasenflächen, Fallschutzplatten) sollten, wenn möglich, nicht eingebaut werden. Ihre Produktion ist bereits problematisch, schwieriger ist jedoch ihre „Entsorgung", da sie in die Kategorie Sondermüll eingestuft werden müssen. Da keine Pflanzenverträglichkeit nachgewiesen werden kann, soll auf ihre Verwendung verzichtet werden.

Mikroklimatische Standortverbesserung gewährleisten

Der Standort Kindertagesstätte muß gesunderhaltende Gestaltungen gewährleisten. Krankmachende Faktoren sind: hoher Lärmpegel (Straßenverkehr), lange Sichtachsen, ebene Flächen bis zum Horizont, fehlende Sichtabschirmung zum laufenden Verkehr, hohe Schadstoffeinträge durch die Luft, Hitzestaus auf den Flächen und am Gebäude. Alle negativen Faktoren lassen sich, selbst bei kleinster Flächenausdehnung, reduzieren, manche sogar ausschalten.

- Laubbäume resorbieren Schadstoffe, spenden Schatten im Sommer und erhöhen die relative Luftfeuchtigkeit.

- Fassadenbegrünungen (Selbstklimmer und Rankpflanzen mit Kletterhilfe) binden Staub und kühlen das Gebäude bei Hitze. Sie sind soweit wie möglich an allen Gebäudewänden vorzusehen. Kletterhilfen sollten wegen der höheren Pflanzenverträglichkeit aus unbehandeltem Holz gefertigt sein.

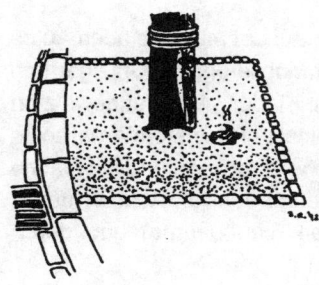 

45

Geländeeinfassungen ökologisch gestalten

Metallzäune, die öffentliche Gebäude und Außenflächen von öffentlichen Wegen und Straßen trennen, stellen in aller Regel nur die Hersteller zufrieden, eine *ökologische* Lösung der Eingrenzung von Arealen sind sie nicht. Kinder und Jugendliche lieben es nicht, wenn man um sie herum lauter künstliche Barrieren errichtet, und nicht einmal ein vier Meter hoher Ballfangzaun hält sie davon ab, ihn zu überklettern. Weshalb also weiter zu solchen technischen Lösungen greifen, wenn sie doch ausgesprochen teuer und reparaturanfällig, also unsinnig für Kinder, und zugleich unästhetisch und ökologisch ohne Wert sind?

Eine neu gestaltete *Unübersichtlichkeit*, die eine Vielfalt von Ecken, Nischen und Winkeln entstehen läßt, sollte nicht mit Drahtgittern eingesperrt werden. Ein Lärm- und Sichtschutzwall (bepflanzter Erdhügel mit Bauschuttkernen im Innenbereich) mit hochdifferenzierter Feldgehölzbepflanzung schafft eher Abhilfe gegen die Smogwolken des Straßenverkehrs und gegen die Einsehbarkeit von gegenüberliegenden Häusern. Ein in das Gebüsch eingesetzter Pflanzschutzzaun verhindert, daß sich Hunde und Nachbarn über den Wall hinweg ins Gelände verirren. Wälle haben auf dem Gelände einen hohen Wert, weil sie von Kindern bespielbar sind.

Wo Wälle, Hügel und „natürliche" vegetative Erhebungen und Bepflanzun-gen nicht sinnvoll sind, kann auf die Variante von Mauern zurückgegriffen werden, wie sie um die Jahrhundertwende in vielen künstlerisch gestalteten Versionen im Innenstadtbereich anzutreffen waren. Ob sie mannshoch oder niedrig gestaltet werden – sie bieten für die Pflanzenwelt nur Vorteile.

Mauern können beidseitig durch Kletterpflanzen in Besitz genommen werden. Hinter den Mauern herrscht ein angenehmes Mikroklima (hohe Restfeuchtigkeit bei gleichzeitiger Windreduzierung, Halbschattenverhältnisse), das es zu nutzen gilt. Emissionen werden gemildert, die Sicht behindert, der Lärm reduziert, das subjektive Gefühl der Geborgenheit stellt sich für Kinder leichter ein als hinter einem Drahtzaun. Wem die Mauern zu hermetisch vorkommen („wie in einer geschlossenen Anstalt"), der sollte sie rhythmisch auflockern durch Rundfenster, Bögen, Pfeiler, Sichtstreifen etc. – das Baugewerbe wäre gefordert, die bewährten alten Techniken wieder zu beleben!

Verschiedene Nutzungsräume gestalten

Eine ebene und zumeist versiegelte Spielfläche, auf der mühelos auch Autos parken könnten, bietet auch bei anspruchsvoller Möblierung mit Spielgeräten keinerlei Anregung für ein kreatives Spiel der Kinder. Auf glattgewalzten Flächen stellt sich keine Nutzungsvielfalt ein. Selbst auf kleinstem Areal sollte durch Absenkungen und Erhöhung die Oberfläche vergrößert und die Fläche differenziert werden. Die Gestaltungsvielfalt wird durch vertikale Achsen (große Spielpfähle, Pergolen, Hecke, Laube, Pavillon, Laubbäume) und durch Bepflanzung verstärkt.

Standortgemäße Bepflanzungen durchführen

Natur besteht aus Jahreszeiten, die durch Bepflanzung sichtbar gemacht werden: Knospen und Blüten im Frühjahr, Blätter und Früchte im Sommer, Laubfärbung im Herbst, kahle Äste und trockene Fruchtkapseln im Winter.

Keine immergrünen Gehölze pflanzen! Tannen und Kiefern, Lärchen und Wacholder gehören in den Wald und nicht in städtische Gelände. Sie verschatten im Winter das Gebäude, bieten zu wenig Tieren Unterschlupf und versäuern den Boden um sie herum, so daß keine Krautschicht entstehen kann. Statt dessen empfiehlt sich, Obstgehölze zu pflanzen.

Keine Bodendecker pflanzen! Cotoneaster, Berberitze, Hundsrose, Mahonie, Feuerdorn usw. sind als sogenannte „Stacheldraht-Gehölze" extrem kinderfeindlich, weil sie bei Berührung weh tun und zudem alles zuwuchern. Sie wurden gepflanzt, weil sie so pflegeleicht sind, denn unter ihnen wächst auch kein Wildkraut. Diese Gehölzarten mögen ihren zweifelhaften Reiz im Straßenbau haben. Auf Geländen, wo Kinder und Jugendliche spielen, haben sie nichts zu suchen. Alternativen gibt es genug, sie müssen jedoch standortgemäß ausgesucht werden.

Ein Wall kann, wenn der Platz dafür ausreicht, mit Sträuchern und Gehölzen bepflanzt werden, wie sie seit Jahrhunderten auf den in Nordeuropa bekannten Knicks und Wällen in Irland, England, Dänemark und Norddeutschland kultiviert werden. Haselnuß, Rotdorn, Schlehe, Weißdorn, Eberesche, Holunder und Vogelbeere sind aufzuzählen. Wenn der Platz schmal bemessen ist, ist eine halbhohe Bepflanzung mit Kriechweide vorzuziehen. Ihre Zweige und Blätter sind weich und biegsam und leiden nicht durch das Bespielen der Kinder.

Bei der Auswahl der Bepflanzung sind sicher einige Ratschläge hilfreich: Jede ungefüllte Blumenzüchtung ist ökologischer als die auf Aussehen getrimmten Neuzüchtungen, jede Wildsorte besser als eine kultivierte, jede in der Nachbarschaft durch Teilung erworbene Staude wächst besser als die im Blumenhandel käuflich erworbene. Wer mit wachen Augen durch die Nachbarschaft geht, wird in alten Gärten, in Vorgärten älterer Häuser und in Parks schnell entdecken, welche Pflanzen am Ort besonders gut gedeihen. Dann fällt es auch nicht schwer, eine richtige Entscheidung zu treffen.

Für Sommerblumenbeete empfehlen sich besonders solche Blumen, die durch Abernten der Samenkapseln eine Neuaussaat ermöglichen. Das können die Kinder in den Gruppen selbst tun. Je mehr die Pflanzen standortangepaßt und nicht überzüchtet sind, desto besser werden sie am neuen Standort aufgehen. Die sogenannte Robustheit und Pflegeleichtigkeit von Pflanzen erhält man weniger durch bestellte Katalogware, sondern vielmehr durch die standortnahe Beschaffung.

Ebenso sind Vegetationsflächen vielseitig und abwechslungsreich zu bepflanzen. Monotone Pflanzstreifen mit Immergrün (vinca minor) und Dickmännchen (pachysandra) sind langweilig und unökologisch.

Gibt es giftige Pflanzen?

Jede Pflanze enthält auf die eine oder andere Art Gifte in der Rinde oder im Wurzelsaft, in den Beeren oder Blättern, die, in erheblichen Mengen gegessen, Brechreiz, Übelkeit, Durchfall, Atemnot, Kopfschmerzen oder ähnliches verursachen. Die Deutung, was giftig ist und was nicht, verweist eher auf eine gesellschaftliche Befindlichkeit hin, sich vor Unberechenbarkeiten zu schützen. Da die Giftigkeit der Pflanzen von Fachleuten unterschiedlich bewertet wird, haben sich die Gartenamtsleiter in Deutschland auf einer Fachkonferenz des Deutschen Städtetages 1984 darauf verständigt, nur noch vier Pflanzen auf eine Liste zu setzen. Diese Liste verbietet, *Seidelbast, Pfaffenhütchen, Stechpalme* und *Goldregen* auf Schulhöfen, Kindertagesstätten und Spielplätzen anzupflanzen. Andere als die vier Pflanzen wiesen keine statistisch meßbaren toxikologischen Auffälligkeiten bei Vergiftungserscheinungen von Kindern auf.

In verschiedenen Bundesländern existieren Empfehlungen oder sogenannte „Giftpflanzenlisten" mit Gehölzen und Gartenpflanzen, die auf Kinderspielplätzen nicht angepflanzt werden sollten (s. Anlage).

Die richtige Materialauswahl treffen

Nicht jede Maßnahme kann das Prädikat „ökologisch" für sich beanspruchen, selbst wenn eine gutgemeinte Absicht dahinter steht. So sollte man einen mit PVC-Folie ausgelegten Teich nicht „Öko-Teich" nennen oder von „Feucht-Biotop" sprechen. Die PVC-Folien-Herstellung ist nicht nur ein die Umwelt stark belastendes Verfahren, die „Entsorgung" dieses Materials ist vollständig unklar (nach 10 - 15 Jahren müßten die Folien aus dem Gelände entfernt und erneuert werden). Besser, man befreundet sich mit der Idee, Lehmbautechniken anzuwenden oder auf die „Öko-Pfütze" ganz zu verzichten. Wenn ein Teich auf dem Gelände gebaut werden soll, müßten auch Vorkehrungen dafür getroffen werden, daß das Regenwasser den Teich speisen kann. Eine Dachentwässerung direkt in den Teich ist beim Neubau unproblematischer als beim Einbau bereits vorhandener Einrichtungen.

In einer Umwelt, die mit Materialien wie Glas, Stahl, Beton, Kunststoffplatten und -farben geradezu übersättigt ist, müssen Außenanlagen nicht auch noch mit bedenklichen Materialien belastet werden. Kunststoffkanten zur Einfassung von Beeten sind genauso fehl am Platz wie industriell vorgestanzte Kompostierungskisten aus Weich-PVC oder Nistkästen aus Betonguß. Es macht zwar Mühe, einen Gartenschuppen aus „richtigem" Holz zu bauen (und nicht auf die Blockhüttenvarianten der Baumärkte und Gartencenter zurückzugreifen) und einen einfachen Holzzaun aus kleinen Stämmen zu fertigen, aber die Mühe lohnt sich. Das Produkt ist immer ein individuelles, das Jahrzehnte überdauert und durch die Patina der Jahre einen ästhetischen Reiz ausstrahlt, der den industriell gefertigten Produkten fehlt.

Die Auswahl der Materialien müßte heute umgekehrt lauten wie noch vor zehn Jahren. Wenn es früher hieß: „wie kann ich einen Naturstoff durch einen künstlichen ersetzen?", müßte die Frage heute lauten „wie kann ich ein industriell gefertigtes Produkt durch ein natürliches ersetzen?"

Jeder Naturstein oder Tonziegel ist, besonders aus der Sicht der Kleinklimaforschung, ein „besseres" Produkt als sein Pendant aus Beton.

Dazu kommt ein anderer ökologischer Gesichtspunkt, der besonders bei Neubauten bislang kaum beachtet wird: das Recyceln von vorhandenem Material. Sehr viele Baustoffe lassen sich ideal im Außengelände wiederverwenden. Sie sind, weil sie im Hausbau nicht wiederverwendet werden, echte Abfallprodukte, die auf die Deponie wandern.

Liste von Recyclingmaterial
In vielen Außenraumgestaltungen können, wie die Erfahrungen zeigen, folgende Materialien wiederverwendet werden, die sonst auf Deponien verkippt werden:

Backsteine	für Sitzecken als Bodenbelag hochkant verlegt.
Baumstubben	aus Windbruch. Ideal zum Spielen in Kindertagesstätten. Längere Reinigung mit Drahtbürsten erforderlich.
Betonsteine	zum Errichten von Trockenmauern.
Betonplatten	als Trittsteine mit weitem Abstand in Beeten verlegt, Abstellfläche für Gießkannen am Wasserhahn, Gehflächen (lose verlegt) über Wildwiesen.
Betonfundamentstücke	Zerkleinert wiederverwendet um Stütz- und Streifenfundamente zu bauen. Kerne für Spielhügel.
Bodenbretter, alt	als Grundlage für Totholzbiotop, als Baustein für den Bau von Biotoparchen, als Material für Holzskulpturen.
Dachbalken	in jeder Dicke und Länge: unimprägniert als Schwellen und Trittstufen im Gelände, als Bodenbelag für eine Sitzgruppe, als Senkrechtabgrenzung für einen Hügel, als Klötzchen gesägt für Wegebelag durch das Gelände.
Dachziegel	zerkleinert als Zuschlagstoff für Fundamente; ganz: künstlerische Gestaltungen von Skulpturen, Bau eines Kinderspielhauses (Dachabdeckung).
Gasbetonsteine(Ytong)	„Skulpturenstein" für Kleinkinder. Aufstellung in den Beeten. Zusammengeklebte Großblöcke für Sitzskulpturen (z.B. Kamelsphinx von drei Meter Länge).
Grabsteinsockel	für Trockenmauern, als Wegebelag im Gelän-

49

	de, als „Sitzhocker" und Podest für Kleinskulpturen.
Holzmasten, alt	in Klötzchen zersägt als Pflasterboden im Gelände.
Kalksandsteine	zum Bauen im Gelände, z.B. Trockenmauern.
Kalkmörtel (alt)	loser Abfallstoff zwischen alten Steinen, wird gesammelt und in die Gehölzflächen mit eingearbeitet, um den pH-Wert zu erhöhen.
Kantsteine aus Granit	aus Straßenbau, oft abgebrochene Reststücke. Schwellen, Treppen und Abgrenzungen lassen sich damit gestalten.
Klinkersteine	idealer Bodenbelag für Pfade durchs Gelände, Bodenbelag für Sitzecken.
Rindenschnipsel	Abfallstoff vom Sägewerk. Gute Ablagemöglichkeiten unter Gehölzen und als Wegebelag für den Garten.
Stämme	naturbelassen. Vielseitige Verwendung. Totholzbiotop, Wegeeinfassung, Beetabgrenzung, Holzpflasterboden, Totempfähle, Sitzhocker.
Windbruchholz	dicke Stammstücke kürzer sägen lassen und als Sitzhocker in die Landschaft einbauen.
Zementbrocken	zerkleinert als Zuschlagstoff für Fundamente, Kerne für Spielhügel, Wegeunterbau.

Folgende Materialien sind ungeeignet und müssen aussortiert werden:

- Aluminium
- Asbest (alle Materialformen)
- Asphalt (Brocken nicht in Fundamente oder Wälle einarbeiten)
- Bleirohre
- Glas
- Glaswolle
- Heraklitplatten
- imprägniertes Holz (z.B. Bahndammbohlen)
- Kunststoffe (Fenster, Türen, Fußbodenbeläge, Tapeten, beschichtete Platten)
- Rigipsplatten
- Styropor

Besonderheiten beim Neubau

Raumbedarf in Kindertagesstätten

Die Angaben sind den jeweiligen Rechtsverordnungen zu den Landes-gesesetzen zu Kindertageseinrichtungen in der jeweils neuesten vorhandenen Fassung entnommen (Stand 1993).

Land	*m² pro Kind außen*
Baden-Württemberg	keine Angabe
Bayern	mindestens 10
Berlin	10, mindestens 6
Brandenburg	mindestens 10 (Entwurf)
Bremen	keine Angabe
Hamburg	keine Angabe
Hessen	mindestens 6
Mecklenburg-Vorpommern	mindestens 10
Niedersachsen	keine Angabe
Nordrhein-Westfalen	12 bis 15
Rheinland-Pfalz	keine Angabe
Saarland	5 bis 10
Sachsen	keine Angabe
Sachsen-Anhalt	keine Angabe
Schleswig-Holstein	mindestens 10
Thüringen	noch keine Rechtsverordnung vorhanden

Es fällt leicht, einen Bedarfskatalog für Aktions- und Ruhebereiche einer Außenfläche aufzustellen, wenn das zur Verfügung stehende Areal groß genug ist:

Planspiel Extensiver Flächenbedarf

	m^2-Bedarf
eingegrünter Müllstandort in Toreinfahrtnähe	10
Auffahrt/Einfahrt; Anlieferung; Be- und Entladen Rasenpflasterboden	30
Standfläche einiger Fahrradständer	26
Hartbelag für Hauptein- und Ausgang zur Freifläche Pflasterklinker, Kleinmosaik	50
Parcours aus Klinkerpflaster (Hartbodenbelag zum Toben), 65 cm breit mit zwei Wendeplätzen, die zugleich als Sitzforen ausgebildet sind, für Rollschuhe, Rädchen, Dreirad, Roller, Pedalos, Stelzen ... quer durchs Gelände	120
individueller Gestaltungsbedarf von Außenarealen unmittelbar vor den Gruppenräumen (Sitzplatz, Pflanzbeete, Pflanz-Abgren- zung zur Nachbargruppe) je Gruppe 40 m², für vier Gruppen	160
weiche Wege durchs Gelände (zwischen den Beeten, an Spielhügeln, durch Kriechwildnisse) Belag: Rindenmulch, „Naturboden", Holzpflaster, Holzbohlen, lose verlegte „Altsteine" ohne Unterbau als Trittsteine oder Pfade	100
kleine Gartenbeete in unterschiedlicher Größe und Lage im Gelände	40
Wasserspielplatz mit Pumpe und Sickerschacht, Abdeckung mit Findlingen und Sickerrinne für neugepflanzte Bäume und Büsche	60
Sandspielplatz Auf Streifenfundament aufgemauerte Klinkerbrüstung. Tiefe 40-80 cm, Höhe 20-80 cm, zwei Einlässe, zwei m breit	35
Bewegungsspielgerät aus Naturholz, eingebaut in Spielhügel mit Senken, zwei Türme, Wackelsteg, Hangel-	

brücke, mit integrierter Rutsche, Doppelschaukel	250
offener Holzpavillon	20
Sitzmulde, gepflasterter Untergrund, zugleich nutzbar als Feuerstelle	40
Spielhügellandschaft ohne Spielgeräte Naturboden, Kräuter und Gräser eingesät Spontanvegetation	200
Totholzbiotop	5
Festspielzeltplatz große Naturstämme 2,80 m Höhe, senkrecht eingelassen Boden ebenerdig, vor mehreren Spielhügeln placiert, in die amphitheaterähnlich Holzbohlen zum Sitzen eingelassen sind	100
Kriechwildnis Als Abpflanzung des hinteren Geländestückes mit Bäumen und Sträuchern mit ca. 3 m Tiefe, integrierter Trampelpfad mit Holzbohlen, Standort für selbstgebaute Kriechtunnel aus Weidenruten oder Iglu	150
Vorgarten zur Abpflanzung mit Kletter- und Rankpflanzen und heimischen Gehölzen	80
Holzgeräteschuppen, frei aufgestellt	4
Kompostkiste	5
Bolzplatz mit Spielwand für ältere Kinder	100
Flächenbedarf insgesamt	1.590 m²

Es ist schwer, mit Durchschnittszahlen statistisch zu operieren. Es bestätigt den Eindruck, daß der Platzbedarf parallel zur wachsenden Kinderzahl linear ansteigt. Die Realität sieht etwas anders aus. Selbst Einrichtungen mit kleiner Gruppenzahl haben einen Mindestflächenbedarf, der nicht unterschritten werden darf. Das hat damit zu tun, daß die geforderten Sicherheitsabstände, z.B. einer Schaukel, groß sind und keineswegs aus Platzmangel unterschritten werden dürfen. Eine bislang übliche Sandkiste hat eine Standardgröße, egal wieviele Kinder in ihr spielen.

53

Die Dimensionierung des Außenraumes besagt, daß kleine Einrichtungen einen relativ höheren Platzbedarf haben im Verhältnis zu größeren Einrichtungen.

Im folgenden Planungsspiel soll der Extremfall durchgespielt werden, wie eine Einrichtung, die 80 Kinder hat, mit nur 300 m² Außenfläche auskommen kann. Das Beispiel ist zwar auf keinen Fall ein wünschenswertes, doch nicht weit hergeholt. Die Verknappung der zur Verfügung stehenden öffentlichen Flächen, die zur Bebauung freigegeben sind, bedeutet, daß auf sehr viel kleinerem Baugrund gebaut werden muß als noch vor zwei Jahrzehnten. Die Gestaltung auf engstem Außenraum ist dennoch möglich, wenn genügend Ideen in die Planung investiert werden.

Planspiel Minimaler Flächenbedarf

	m²-Bedarf
Haupteingang/Ausgang in das Außengelände gepflastert (incl. Müllstandort)	40
4 x Außenraumgestaltung für je eine Kindergruppe à 25 m² enthält Querweg zu den anderen Gruppen, Hartbelag, Pflasterung für Sitzplatz, Sitzmulde, Treppchen, Stützmauer, Querabgrenzung wie Pergola, Rankgitter, eigene Pflanzbeete für Sommerblumen und Kletterpflanzen	100
Liegewiese mit niedriger Heckeneinfassung, evtl. Solitärbaumbepflanzung	40
Sandspielfläche mit breiter Klinkereinfassung und teilweiser Holzabdeckung; zwei niedrige Einlässe	20
Holzspielgerätelandschaft Gerüst aus Naturholz mit integrierten Hangeln, Rutschen, Wackelbrücke, zwei Türmen, Standort auf Rindenmulchfläche, rückwärtige Abpflanzung (Grundstücksgrenze) mit Wildgehölzen Solitärbaum in das Gerät integriert	100
Gesamtplatzbedarf	300 m²

Anm.: Bodengeräte sowie Spielgeräte müssen wegen der geringen Fläche im Gebäude untergebracht werden.

Voraussetzung für jede gestalterisch gute Lösung ist jedoch, daß das Gelände keine geraden Wege anbietet, die die Enge noch betonen, keine ebenen

Flächen mehr enthält, die dann so eingeengt wirken wie die Gärtchen von Reihenhausscheiben.

Eine geglückte Lösung wird dann erreicht, wenn zwischen Gruppenbereichen Höhenversprünge eingebaut werden und das Restgelände ebenfalls unterschiedliche Niveaus bekommt. Die Unterschiede in der Bodenhöhe machen den Einbau von Treppen, Rampen, Mäuerchen möglich, die vielseitig zum Spielen genutzt werden können. Die kleinteiligen Räume sollten bewußt mit niedrigen Hecken und Torbögen gestaltet werden, um die Vielgestaltigkeit zu betonen. Vertikale Einbauten wie Sichtgitter, Laubengänge, Pergolen, Totempfähle aus Holz erhöhen die Intimität. Ihre Halbtransparenz läßt keine Enge entstehen.

Für Rollerfahren, Laufspiele, große Schaukeln, Wippen und Ballspiele fehlt das Terrain. Sie sind aber auf einem öffentlichen Spielplatz möglich, der oftmals in der Nachbarschaft liegt und besucht werden kann. Es gibt sicher einige Dinge, die auf kleiner Fläche nicht stattfinden können, weil Ausbreitungsraum fehlt. Wenngleich einige Biotopformen nicht eingerichtet werden können und z.B. die Kompostkiste fehlt, braucht dennoch nicht auf Naturerfahrungen verzichtet zu werden. Diese können auch mit kleinsten Beeten gesammelt werden.

Projekte in „klein-klein"
Zur Umgestaltung vorhandener Flächen

Während ein Neubau durch die Hände des Experten entsteht und intensive Planungsabsprache mit den beteiligten Ämtern die Realisierung einleitet, verlaufen Umplanungen an vorhandenen Einrichtungen grundsätzlich anders. Der Regelfall wird sein, daß eine Einrichtung selbst auf die Idee kommt, die Außenanlage neu gestalten zu wollen. Sie sucht dann in den zuständigen Ämtern Ansprechpartner, um diese Ideen zu verwirklichen.

Eine weitere Variante beim Umbau der Außenflächen kann auftreten, wenn der Umfang der Umgestaltung zu groß ist und die Kindertagesstätte mit der Durchführung überfordert wäre. Dann bekäme ein Landschaftsplaner den Auftrag zur Umgestaltung.

Da Kleinprojekte entstehen und nicht bereits vorgeplant sind, ist es bei Neu- und Umbaumaßnahmen gut, wenn bereits in der der Vorplanung der zukünftige Platzbedarf für Kleinprojekte als Option enthalten ist. Die für zukünftige Kleinprojekte möglichen Standorte sollen durch Wege gut erreichbar sein und eine angemessene Stellfläche berücksichtigen.

Vorneweg soll festgehalten werden, daß die meisten Einrichtungen ihre eigenen Vorstellungen haben, wie ihre Spielflächen aussehen sollten – an Ideen mangelt es nicht.

Es ist gut, wenn eine Einrichtung eine Konzeption hat, die sich auf die ganze zur Verfügung stehende Außenfläche bezieht. Diese „große Idee" sollte nach Möglichkeit in einem Text skizziert werden, um die Absichten zu verdeutlichen, und sie sollte als zeichnerische Skizze markieren, wie das ganze Projekt, wenn es abgeschlossen ist, aussehen soll. Umgestaltungsprojekte auf Freiflächen vorhandener Anlagen sollten grundsätzlich in kleinste Projekte zerlegt werden, die nach und nach realisiert werden. Die Zeitdimension zu begreifen ist das allerwichtigste. Projekte in „klein-klein-Methode" zu beginnen, die nach Möglichkeit die Kinder immer mit einbezieht, bietet den Vorteil, daß die Dimensionierung einen besonders für Kinder überschaubaren Rahmen bekommt. Diese Teil-Projekte können nach kurzer Zeit abgeschlossen werden. Andere können nach kurzer Verschnaufpause folgen. *Es ist leichter, mit zwei interessierten ErzieherInnen zwei Sommerblumenbeete anzulegen und später weitere Beete folgen zu lassen, als an dem größeren Vorhaben, einen richtigen Garten für die Einrichtung anzulegen, zu verzweifeln, weil er nicht fertig wird und der Arbeitsumfang unterschätzt wurde.*

Die Beratung darüber, wie stimmig die von der Kindertagesstätte entwickelten Vorschläge sind, und wie sie durch mehrere kleine Projekte umgesetzt werden können, führt der Landschaftsarchitekt durch. Die Umgestaltung der jeweiligen Teilbereiche ist gemeinsam mit ErzieherInnen, Kindern und Eltern zu entwickeln. Es muß der Plan der Kindertagesstätte sein. In die Planung sollten Überlegungen einfließen, wo Kinder, ErzieherInnen und Eltern in die Ausführung mit einbezogen werden können.

Im Anhang des Handbuches sind zwei fiktive Situationen dargestellt, die einen Ist-Zustand abbilden und einen Zustand, der den Abschluß vieler Kleinprojekte bezeichnet. Beiden Projekten fehlen spektakuläre Ergebnisse – es sind allmähliche Umgestaltungen, die langsam zu einem Gesamtkonzept zusammengewachsen sind. Man mag das eine oder andere Teilergebnis ablehnen oder verwerfen – die aufgezeichneten „Ergebnisse" sind nicht anders zu verstehen als ein Angebot zur Veränderung.

Projekte in „klein-klein-Methode" können sein:

Anlegen eines Kräuterbeetes
Anlegen eines Gemüsebeetes
Anlegen eines Staudenbeetes
Beeteinfassungen
Trockenholzbiotop an abgelegener Stelle
Steinhaufen als Biotop an abgelegener Stelle
Anlegen von Spielhügeln auf dem Gelände
Sitzlandschaft aus dicken Naturstämmen
Fassadenbegrünung
Sandspielfläche

Darstellung von Projekten in Eigeninitiative der Kindertagesstätten

Wenn auf einer vorhandenen Wiese oder einem Rasenstück ein Beet angelegt werden soll, kann dies fast ohne jede Hilfe von außen geschehen. Der externe Rat, welche Pflanzen zu nehmen sind, welche Stelle auf der Wiese für das Wachstum von Kräutern gut ist, wie ein Beet zu befestigen ist etc., kann helfen. Aber auch ohne Beratung muß dieses Projekt nicht scheitern. Anders ist es, wenn ein größerer Baum gepflanzt wird. Dann ist es ratsam, vorher zu wissen, daß es Leitungen gibt, die quer durch das Gelände gehen. Leitungspläne gibt es nur bei den entsprechenden Ämtern. Diese müssen eingesehen und geprüft werden. Manchmal ist es gut, an der vorgesehenen Stelle für die Baumpflanzung mit dem Spaten eine Probe zu graben, und in manchen Fällen ist es besser, den Baum woanders zu pflanzen, weil zuviele Leitungsstränge im Boden liegen.

Es gibt unzählige Varianten, die ebenfalls zum Gestalten in Betracht kommen, wie z.B. Bau und Anbringen von Nistkästen im Gelände (Vogelschutz- und Naturschutzvereine können helfen), Bau einer Kompostkiste, das Aufstellen einer Pergola aus Holz. Für die Vorplanung ist hilfreich, zu den Kleinprojekten eine Kostenschätzung aufzustellen. Diese sollte nach Möglichkeit mehrere Spar-Varianten enthalten, wenn z.B. Eltern mithelfen, um Kosten zu sparen, und wenn Recycling-Methoden eingesetzt werden, um Neuanschaffung von Material zu vermeiden. Die rechtzeitige Vorplanung und Vor-Kalkulation hat den Vorteil, daß bei Bedarf kurzfristig Gelder in begrenzter Höhe zur Verfügung gestellt werden können, die helfen, Kleinprojekte zu realisieren.

An irgendeiner Stelle im Freigelände einer Kindertagesstätte werden einige Kubikmeter Sand, Füllboden sowie einige Baumstämme abgeladen. Wenn die Erwachsenen nun nichts weiter tun, können sie folgendes beobachten: Die Kinder werden die Erdhaufen und die Holzstämme „entdecken" und sofort mit ihren Spielen anfangen. Einige werden auf den Hügeln rutschen, mit Resten von Pappkartons und mit ihren Spielkisten aus den Gruppenräumen. Andere werden sich Roller und Fahrräder besorgen und sich eine Bahn schaffen. Eine andere Gruppe von Kindern wird Löcher in die Hügel graben. Höhlen, kleine Gänge, Terrassen und Plattformen werden entstehen, so daß Spielzeugautos und Figuren Platz haben. Die Kinder bewegen die Erdmassen mit selbstgebastelten Werkzeugen; manchmal „ersetzt" ein Küchenlöffel die fehlende Schaufel. Die Erdhügel kommen in Bewegung. Die Holzstämme werden bewegt, neu zusammengestellt, Decken werden geholt, plötzlich ist eine Burg entstanden, die heftig verteidigt wird. Auf der „Baustelle" geht es emsig zu, es ist weder laut noch aggressiv. Unmut zeigen die Kinder erst, wenn sie das Spiel unterbrechen müssen, weil sie ins Haus zurück sollen. Würde das Spiel am nächsten Tag fortgesetzt werden dürfen, wäre es wieder ein ganz anderes, ohne daß ein Erwachsener ein System darin entdecken könnte.

Spontanes Spiel mit all seinen kreativen Potenzen wäre so einfach zu realisieren, wenn nicht die vielen Vorschriften es verhinderten, wenn der „Dreckeintrag" ins Haus nicht so groß wäre, wenn die Eltern nicht so schimpfen würden wegen der schmutzigen Hosen und Schuhe, wenn die Erwachsenen sich mehr trauen würden, ihre eingefahrenen Ansichten zu ändern.

Fürs erste ist es zwar anschaulich zu beschreiben, daß Kinder außer einem baumbestandenen Dickicht und ein paar Erdhügeln nur wenig mehr brauchen, um sich sinnlich zu entfalten, aber mit dieser Mutprobe für die Erwachsenen sollten keine Projekte gestartet werden. Das Projekt einer „Spontanbaustelle" sollte erst dann eingerichtet werden, wenn bereits genügend Umgestaltungs-erfahrungen gesammelt worden sind und das Gelände groß genug ist, um einen Standort zu finden, der weit genug vom Haus entfernt ist.

Wir bringen das Gelände in Bewegung

Spielhügel, Senken, Wälle, Mulden, Nischen und Plattformen lassen sich in Eigeninitiative herstellen, weil die Dimensionen, in denen sich Erhöhungen und Absenkungen abspielen, in Zentimetern gemessen werden können. Für zwei-bis dreijährige Kinder sind Wälle von 40 - 60 cm bereits hoch; wenn sie dann sogar noch mit Sträuchern bepflanzt sind, nahezu unüberwindbar. Spielhügel sollten 1,50 m nicht überschreiten – obwohl sie binnen kurzer Zeit auf 1,20 m „runtergespielt" werden und nach zwei Jahren davon kaum mehr übrigbleibt als ein kleiner Buckel.

Es sollten immer mehrere Spielhügel angelegt werden, denn nur so entsteht auch eine Landschaft mit Zwischentälern, Senken und einem interessanten Relief, das sich vielseitig bespielen läßt. Der Platzbedarf ist deswegen größer als für eine 45-Grad-Schüttung, weil die Hügel zu allen Seiten „abwandern" und verflachen. So wäre z.B. ein Steinplattenweg in unmittelbarer Nähe wahr-scheinlich schnell von den Ausläufern des Hügels erreicht und überdeckt. Ideal ist ein Standort am äußersten Ende des Geländes (dann ist die Erde schon abgeschüttet, bevor die Kinder das Haus erreicht haben) und im Schatten großer Bäume, um das Austrocknen der Hügel etwas zu verzögern.

Der Bau solcher Spiellandschaften stellt keine besonderen Anforderungen. Als allererstes bleibt festzuhalten, daß Spielhügel nur auf entsiegeltem Boden aufgebracht werden können. Eine Asphaltdecke sowie Beton als Bodenbelag muß professionell aufgebrochen und entsorgt werden. Der Bau des Belages (meist verdichteter steriler Sand mit Schottergemisch) kann liegenbleiben, wenn dort eine Wasserbaustelle, eine Hügellandschaft oder eine Sitzecke mit neuer Pflasterung entstehen soll. Für Pflanzflächen ist dieser Unterbau unge-eignet und sollte deshalb abgetragen und an anderer Stelle Verwendung finden.

Wenn der Bodenbelag aus Betonplatten oder aus Betonverbundsteinen besteht, läßt sich das „Entsiegeln" mit Erwachsenenhilfe (Eltern) realisieren. Die Platten oder Verbundsteine werden sorgfältig aufgenommen, mit der Schubkarre abgefahren und an einer geschützten Ecke im Gelände zwischen-gelagert. Einen Bauzaun zur Sicherung des Materials sollte das Gartenamt zur Verfügung stellen, wenn es die Maßnahme mit betreut.

Hügel sollten auf einer wasserdurchlässigen Schicht stehen, damit Regen-wasser abfließen kann. Im Einzelfall ist zu prüfen, ob der Sandunterbau liegenbleiben kann oder abgetragen werden sollte. Hügel werden zu einem

Drittel ihres aufgeschütteten Volumens mit einem Schuttkern angelegt. Zerbrochene Betonsteine oder -platten, Ziegelbruch etc. sind als Materialien geeignet. Der Schuttkern bedient zwei Funktionen: Er entwässert den Hügel besser und er trägt zur Befestigung und Stabilisierung bei. Das Schuttmaterial sollte jedoch nicht scharfkantig sein. Irgendwann kommen an irgendeiner Stelle Schuttstücke zum Vorschein – die Kinder werden es mit Interesse entdecken und ausgraben –, eine Verletzungsgefahr sollte beim Spielen auf dem Hügelgelände ausgeschlossen werden.

Über diese Schuttkerne kann Füllboden aufgeschüttet werden. Das sollte ein LKW vom Bauunternehmen oder vom Gartenamt ausführen. Die Schütthöhe wird manuell und nach Augenmaß korrigiert.

Wenn die Hügel halbschattig liegen, sollte zusätzlich etwas Mutterboden aufgebracht werden. Auf einer dünnen Substratschicht wird eine Mischung aus Gras und Wildblumensamen aufgebracht, eingeharkt und vorsichtig gewässert.

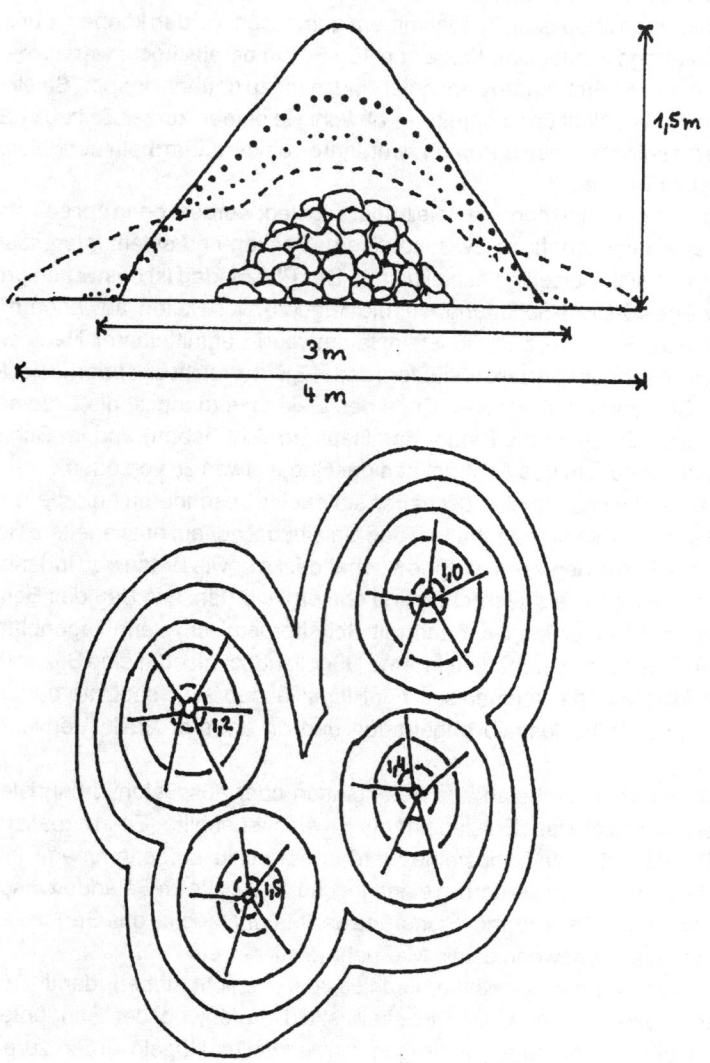

Diese Aktion läßt sich allerdings nur im Frühjahr oder Herbst durchführen. Dann heißt es abwarten. Wenn Klima und Standort günstig sind, wird einiges aufgehen und wachsen. Man sollte als Erwachsener jedoch nicht allzu hohe Ansprüche stellen: Spielhügel sind als Bewegungslandschaft für Kinder konzipiert und deshalb an den bespielten Stellen kahl. Von Rollrasen ist abzuraten; er ist teuer, muß zum Anwachsen ständig gewässert werden und wird an allen Laufstellen genauso schnell kahl.

Von der Aufschüttung mit reinem Sand ist ebenfalls abzusehen. Weil im Sand keinerlei feinbindige Partikel (Schluff, Lehm oder Humus) enthalten sind, rutscht der Hügel sehr schnell auseinander und ist im Sommer staubig und trocken. Das Spielhügelprojekt kann dann als gelungen angesehen werden, wenn an einer Ecke im Freigelände mehrere unterschiedlich hohe Hügel aufgebracht sind, die eine eigenständige Landschaft darstellen. Alles spricht dafür, zu einem späteren Zeitpunkt eine kleine Holzbrücke mit Geländer anzubringen, die zwei Hügel miteinander verbindet. Die Brücke schafft noch mehr Anlässe für die improvisierten Spiele der Kinder. Der nachträglichen Gestaltung der Hügel sollte ebenfalls Raum gegeben werden: Ein naturbelassener Baumstamm – möglichst Eiche – wird auf einer Hügelkuppe senkrecht eingegraben und stellt einen Schiffsmast dar. Naturholzstämme (60 - 90 cm lang) können als Schwellen waagerecht in den Hügel eingelassen werden, und dienen als Aufgang und Sitzmöglichkeit.

Die Spielhügel sind multifunktional für das Kinderspiel und unabhängig von Jahreszeiten und Wetter. Sie sollten jedoch in das Gesamtgelände eingepaßt werden und keine Fremdkörper darstellen. Deshalb ist es wichtig, an anderen Stellen ebenfalls Geländemodellierungen zu schaffen, welche die Plastizität der Hügel aufnehmen und variieren.

Es mag bei manchem Erwachsenen der Eindruck entstehen, daß solche Geländeaufwerfungen das ohnehin beengte Freigelände zusätzlich kleiner machen und das Spiel blockieren. Das Gegenteil davon ist jedoch der Fall. Geländemodellierungen wirken nicht nur vergrößernd auf die Erdoberfläche, sondern geben mehr Anlässe, differenzierter im Gelände zu spielen.

Das vielfältige Spielangebot zu garantieren sollte Anlaß sein, kleine Wälle von 2 - 8 m Länge und 40 - 60 cm Höhe anzuschütten und mit Hecken oder Strauchgruppen zu bepflanzen. Gute Standorte finden sich z.B. am Grundstückszaun, um die Sicht auf die Nachbargarage zu verdecken, als Abtrennung von Freiflächen, von Kindergruppen selbst gestaltet, als Gestaltungselement, zur Raumbildung. Wälle sind keine technischen Bauwerke wie Deiche, d.h. sie können gebogen, geschlängelt, gekrümmt sein und können durchaus unterschiedliche Höhen haben – sie sind nie gerade und eben.

Interessant wird das Gelände für Kinder dort, wo es Absenkungen gibt, in denen man geschützt spielen kann. Wenn das Gelände es zuläßt, sollte eine 30 bis 60 cm tiefe Absenkung hergestellt werden. Der gesamte Bodenaushub wird in seinen Schichten (Grassoden, Mutterboden, Sand) getrennt abgetragen und zwischengelagert. Um die Absenkung herum wird der Aushub neu modelliert. Zuvor muß an diesen Stellen jedoch der Rasen und die Muttererde entfernt werden. Die Absenkung sollte rund, halbrund oder oval ausgestochen werden und den Kindern gemäße Dimensionen haben (3 - 4 m im Durchmesser). Der Aushub kann ringförmig, u-förmig, kreisförmig oder unregelmäßig als

„Wall" um die Senke herum aufgetragen werden. So entsteht eine Art Mini-Amphitheater oder eine einfache Mulde mit kleinen Wällen in ihrer Umgebung. Auf die Wasserdurchlässigkeit des Unterbodens in der Mulde ist zu achten. Falls der Unterboden sehr verdichtet ist, hilft man mit einem natürlichen „Sickerschacht" nach (s. Skizze S. 67). Dann kann Regenwasser gut versikkern.

Der Bodenbelag in der Senke kann z.B. aus Holzklötzchen bestehen. 6 - 10 cm dicke und 15 cm lange Holzklötze werden aus Hartholz (Lärche, Robinie, Eiche) gesägt, hochkant auf Sand eng aneinander verlegt und abschließend mit Sand eingeschlämmt. Die Mulde kann von einer Holzpalisadenwand eingefaßt sein (dickere Naturstämme mit Rinde) oder in sanften Steigungen zu den Wällen hochführen, die mit Grassoden bedeckt oder mit Sträuchern bepflanzt werden.

Die Erdbewegungen sollten so weich, so unauffällig in das Gelände eingebracht werden, daß der Eindruck entsteht, es hätte immer schon so ausgesehen. Ein Meister seines Fachs ist der österreichische Ökotekt Jánosz Koppándy, der viele ehemals asphaltierte oder ebene Spielflächen in eine „Natürlichkeit" zurückverwandelt hat, die man als Betrachter wie selbstverständlich hinnimmt.

Auf die Bodenreliefumgestaltung, als Grundlage, folgt die Umgestaltung der Bepflanzung des Geländes. Sie soll die Bodenbewegungen verstärken und unterstreichen. Dort, wo durch Wälle und Senken, Hügel und Nischen interessante Strukturen entstehen, soll mit Hilfe der Bepflanzung erreicht werden, daß „grüne Räume" entstehen, die die Nutzungsvielfalt unterstreichen.

Mit Wasser wird das Spielen erst schön

Eine Wasserbaustelle wird eingerichtet

Nichts ist schöner, als den Fuß in Modderpampe zu stecken und zu beobachten, wie sich die halbfeste Masse verformt, mit einem dumpfen Geräusch die angesaugte Schuhsohle wieder freigibt und den eigenen Abdruck hinterläßt, der sich ganz langsam mit Wasser füllt...

Wasser pur und Wasser mit Erde oder Sand vermischt sind die elementarsten Spielerlebnisse, die alle Kinder bis zur Neige ausprobieren können sollten.

Manche Hygienevorschriften verlangen, daß Wasser im Spielbereich von Kindern Trinkwasserqualität haben muß. Das schränkt die Gestaltung mit dem Wasser nur wenig ein. Ein sogenannter „Ökoteich" als stilles Wasser ist nicht gemeint, wenn von einer Wasserbaustelle die Rede ist.

Grundsätzlich bleiben Skepsis und Zweifel berechtigt, wenn, wie in einem Modetrend, überall Naturteiche entstehen. Kleine Kinder können mit einem kleinen stehenden Gewässer wenig anfangen, weil sie das Leben im Wasser kaum wahrnehmen können. Sie spielen lieber mit dem Wasser. Der manipulative Akt, mit dem Wasser selbst zu spielen, wird von den Erwachsenen wenig geschätzt. Kinder dürfen nicht mit einem Stock auf die Wasseroberfläche schlagen und die Geräusche wahrnehmen, sie dürfen keine Steine hineinwerfen, um die Oberfläche in Bewegung zu bringen und die Tiefe des Wassers zu prüfen, sie dürfen auf dem Teich nichts schwimmen lassen und sie dürfen nicht einmal mit den Füßen hinein... Der Ökoteich verträgt nur eine kontemplative, also eine beschauliche Form der Annäherung. Die ist den Kindern im Kindergartenalter fremd und müßte erst anerzogen werden.

Eine Wasserbaustelle sollte ein Ort im Außengelände sein, der den entdeckenden Umgang mit Wasser (und Erde) immer wieder ermöglicht. Die einfachste Art, eine Wasserbaustelle einzurichten, besteht in einem Wasseranschluß am Gebäude, von dem aus mit Hilfe eines langen Schlauches das Wasser ins Gelände geleitet wird. Die Wasserecke sollte vom Gebäude so weit entfernt sein, daß eine „Flutung" der Kellerräume und Eingänge ausgeschlossen ist. Das Schlauchende benötigt eine Regulierung, die sowohl fein sprüht als auch im Strahl gießt und abgestellt/unterbrochen werden kann, ohne daß der Wasserhahn am Haus bedient werden muß.

Die Wasserbaustelle wird auf einer Sandfläche von mindestens 30 m² eingerichtet, die eindeutig von den benachbarten Spielflächen getrennt wird. Das Wasser sollte auf der Sandfläche versickern können und nicht andere Spielecken in Mitleidenschaft ziehen. Zum Wasserspiel benötigt man eine genügend große Anzahl an flachen Plastikwannen, Plastikschüsseln, Gießkannen, Schaufeln, Sandformen. Es ist reizvoll, alte Zinkwannen zu sammeln, in denen früher gewaschen wurde, aber sie sind sehr schwer und für den täglichen Rücktransport in den Geräteraum zu unhandlich. Das Arbeiten mit Wasser beginnt dann, wenn das Wasser die erste größere Wanne füllt. Kinder sind sehr schnell ungeduldig, aber sie können beim Zusehen lernen, daß es einige Zeit braucht, bis mehrere Wannen und Schüsseln gefüllt sind. Wie sich das Spiel strukturiert, hängt sowohl vom zusätzlichen Materialangebot als auch von den pädagogischen Hilfestellungen der ErzieherInnen ab. Soll der Wasserfluß ausprobiert werden, ist ein flexibles dickes Rohr (z.B. Abluftschlauch vom Wäschetrockner) hilfreich. Eine Anzahl halbierter und innen ausgehöhlter Baumstämme, die versetzt aneinandergelegt werden, können einen Wasserfluß auf mehrere Meter Länge herstellen. Am Ende der Rinne entsteht eine große Wasserlache, die an den Rändern eintrocknet. An ihr sind sehr viele Kinder beim Spielen zu beobachten. Sie graben tiefe Löcher, versuchen das Wasser zu stauen oder umzulenken und lassen Holzstücke schwimmen. Die Vorstellung, daß Kinder Wasser als Wasser begreifen, kann nicht aufrechterhalten werden. Auf der Wasserbaustelle ist Wasser stets „gemischt" mit anderen Materialien. Schon nach kurzer Spielzeit ist überall Sand oder Erde in den Wasserbehältern, schwimmen frisch gerupftes Gras, kleine Äste und Rinde auf der Wasseroberfläche. Zum Stauen von Wasser und zum Umlenken von Wasserströmen werden kleinere Holzstämme und Holzbrettchen benötigt, zum Auskleiden von „Uferböschungen" und Wegen durchs Wasser Feldsteine und Ziegelsteine. Wenn eine Anzahl von Naturmaterialien zur Verfügung steht, sind dem sich stets wandelnden Spiel von Kindern keinerlei Grenzen gesetzt.

Die Wasserbaustelle ist eine temporäre Einrichtung an einem festen Ort. Nach dem Spiel werden die Schüsseln und Geräte gesäubert und im Schuppen oder Kellerraum verstaut, der Schlauch so gut wie möglich entleert und auf die

Schlauchtrommel gewickelt. Übrig bleibt eine größere Pfützenlandschaft, die langsam wieder eintrocknet.

Den Vorwurf der Wasservergeudung muß niemand hinnehmen: das temporäre Spiel mit einem der Elemente ist zwar nicht kostenlos, aber tatsächlich auf wenige Stunden und einige Tage im Jahr beschränkt. Wenn die natürliche Versickerung des Wassers auf dem Gelände so angelegt ist, daß sie sogar die benachbarten Bäume und Sträucher wässert, hat außerdem noch die Vegetation ihren Nutzen davon.

Es ist denkbar, daß es auf manchen Geländestücken schwierig ist, eine Wasserbaustelle einzurichten, weil der Untergrund sehr verdichtet ist und das Wasser nicht richtig ablaufen kann. Da aber kein aufwendiges Entwässerungssystem eingebaut werden soll, kann man natürliche Sickerschächte einbauen. Auf der Wasserbaustelle wird an der tiefsten Stelle – dort, wo das Wasser versickern soll – ein Loch von mindestens 1x1x1 m ausgehoben. Die angegebenen Maße können überschritten werden, zumindest in der Tiefenangabe,

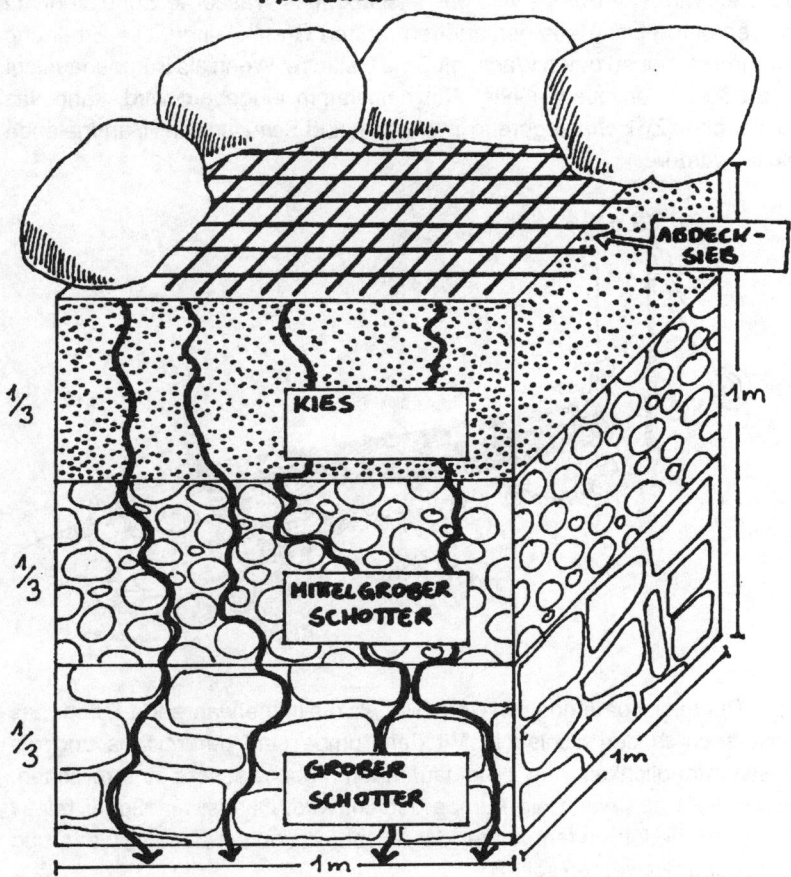

SICKERSCHACHT
FINDLINGE
ABDECK-SIEB
1/3 KIES 1m
1/3 MITTELGROBER SCHOTTER
1/3 GROBER SCHOTTER
1m
1m
>WASSERDURCHLÄSSIGER UNTERBODEN<

und zwar immer dann, wenn bei 1 m Tiefe noch keine sandige, d.h. durchlässige Schicht erreicht ist. Der Aushub wird nicht abgefahren, sondern in seinen Schichten getrennt auf dem Gelände verarbeitet. Sand bleibt auf der Wasserbaustelle, Erde wird auf die Pflanzbeete verteilt, Grassoden decken Teile des Spielhügels oder der Wälle ab. Das ausgehobene Loch wird zu einem Drittel mit grobem Schotter, zerbrochenen Mauersteinen und/oder Naturbruchsteinen aufgefüllt. Das zweite Drittel besteht aus demselben Material – es ist nur in der Körnung feiner. Die letzte Lage besteht aus grobem, gewaschenem Kies. Um ein schnelles Zuschwemmen eines neu angelegten Sickerschachtes zu vermeiden, sollte die Versickerungsstelle mit einem nichtrostenden Sieb abgedeckt werden. Der Schacht wird gesichert mit großen Findlingen oder Natursteinen. Diese Steine schützen den Schacht und können gleichzeitig zum Sitzen und Spielen dienen. Wenn die Wasserbaustelle genügend Ausdehnung in der Fläche hat, sollten mehrere Sickerschächte eingebaut werden.

Die professionellere Einrichtung einer Wasserbaustelle (z.B. bei Neubauten) besteht aus einer fest installierten Wasserpumpe. Diese ist mit Trinkwasserqualität ausgestattet. Die Installation kann als Sommerleitung geführt werden (d.h., sie ist nur 30 - 40 cm tief zu verlegen), die in der kalten Jahreszeit abgestellt wird. Die Pumpe wird gespeist über das Wassernetz und steht auf einer erhöhten Linse aus gemauerten rauhen Granitsteinen. Die Erhöhung gewährleistet einen guten Wasserfluß ins Gelände. Wenn als Pumpenauslauf ein großer, innen ausgehöhlter Holzhalbstamm eingebaut wird, kann das Wasser ohne Zwischenlagerung in Wannen und Schüsseln ins Sandgelände geleitet werden.

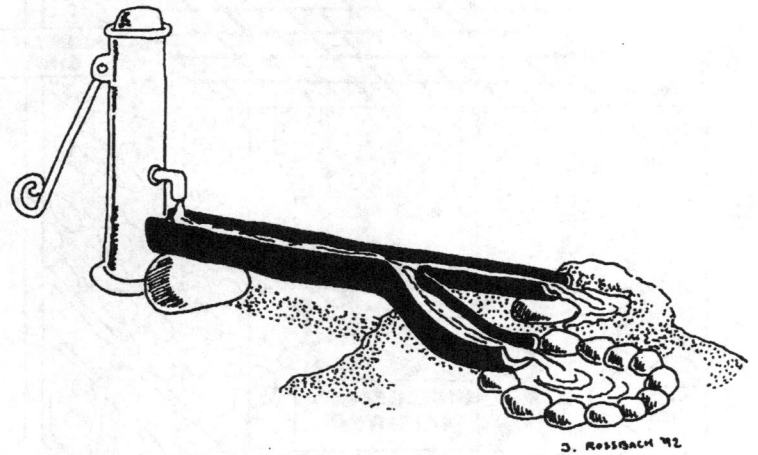

J. ROSSBACH '92

Die Pumpe ist pädagogisch wertvoller als die immerwährende Zufuhr des Wassers durch den Schlauch. Mit der Pumpe sind der Mythos und die Selbstverständlichkeit des ewig laufenden Frischwassers unterbrochen. Wasser fließt nur, wenn die Pumpe bedient wird. Das ist für Kinder relativ schwer und bedarf zudem immer der Absprache untereinander, wann und wieviel gepumpt werden soll.

Wenn eine Pumpe neu in ein Gelände eingebaut wird, könnte die Versickerungstechnik etwas komplizierter eingebaut werden. Statt eines mit

Natursteinen abgedeckten Sickerschachtes kann man zum Beispiel auch einen Sickergraben von mehreren Metern Länge einbauen. Die Abdeckung mit Natursteinen erinnert dann an das Geröllfeld eines Wildbaches. Die Sickergräben können ebenso auch ringförmig um die Wasserspielfläche gezogen werden, um Neuanpflanzungen (Solitärbäume und Strauchgruppen) sozusagen spielerisch zusätzlich mit Wasser zu versorgen. Da nur an warmen Tagen am Wasser gespielt wird, wo der Wasserbedarf der Pflanzen groß ist, lassen sich zwei Funktionen miteinander verbinden.

Fest eingebaute Wasserplanschbecken, wie sie in öffentlichen Freibädern zu finden sind, lassen sich nicht verwirklichen, weil dieses Wasser aufgrund der geltenden Hygienebestimmungen gechlort sein muß. Die Entsorgung des gechlorten Wassers ist problematisch und ökologisch auch nicht sinnvoll.

Da Wasser als Element eine beruhigende Wirkung besonders auf Stadtkinder ausübt, die die meisten immer mehr bedürfen, sollten über die Einrichtung von Wasserbaustellen hinaus Anstrengungen unternommen werden, mehr mit Wasser als Gestaltungselement zu arbeiten. Das Aufstellen eines Trinkbrunnens in der Nähe der Spielplätze ist genauso anzuraten wie die Gestaltung von Wasserkaskaden, die eine Fülle von „klingenden" Geräuschen produzieren. Ein durch das Gelände gezogener Wasserkanal mit Stegen aus Holz, Stahl, Stein und Trittsteinen, die durchs Wasser führen, würde den Kindern ein völlig anderes Lebensgefühl vermitteln, als auf Betonverbundsteinflächen zu spielen.

Wasser ist ein Element, das sich selbständig in Bewegung hält, wenn es fließen kann, und das am meisten bewegt und manipuliert werden kann. Kinder lieben das – es gibt keinen vernünftigen Grund, diese Spielerfahrung mit Wasser auszulassen. Die einzige Bedingung wäre, daß ein räumlich abgegrenzter Ort eingerichtet sein muß, der für die natürliche Versickerung taugt.

WASSERSPIELPLATZ

AUFSICHT:

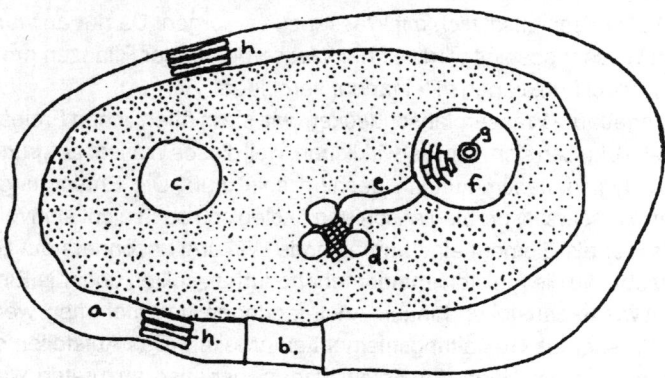

a) MAUER / STREIFENFUNDAMENT e) FLIESSRINNE

b) EINLASS (f. Sandaustausch f) AUFGEMAUERTE LINSE
 mindestens 2m breit) g) PUMPE

c) SPIELTISCH h) HOLZAUFLAGEN

d) SICHERSCHACHT MIT ABDECKUNG

 (Gitter und Findling)

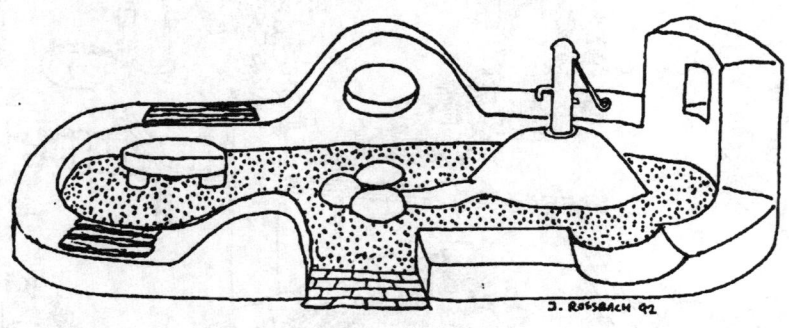

J. ROSSBACH 92

Eine Feuerstelle?

Der therapeutische Wert eines Kaminfeuers ist unbestritten. In einer Erzählrunde vor dem Kamin werden selbst die nervösesten Kinder ruhig. Leider ist diese Ausstattung im Innenraum selten, obwohl sie beim Neubau nur wenig zusätzliche Kosten verursacht. Anders ist es draußen. Hier kann jederzeit eine Feuerstelle eingerichtet werden. Wenn das Gelände mehrere Sitznischen und -mulden hat, sollte eine mit Granit- oder Feldsteinen gepflasterte Ecke dafür vorgesehen werden. Sie muß durch Wälle und Abgrenzungen windgeschützt liegen und frei von tiefhängenden Ästen sein. Um einen multifunktionalen Platz zu behalten, sollte eine Feuerstelle nicht fest eingemauert werden. Es reicht aus, einige wenige Ziegel- oder Feldsteine dafür im Geräteraum aufzubewahren, die bei Bedarf zur Feuerstelle zusammengestellt werden. Ein einfacher Fußabtreter aus Eisen, wie er im Fachhandel erhältlich ist, dient als Kochstelle. So kann man Kartoffeln zünftig in der Glut erhitzen. Dabei handelt es sich um die Einrichtung einer kleinen Feuerstelle, nicht um einen Grillplatz. Das Grillen kennen die meisten Kinder aus dem Elternhaus. Wenn Feuer gemacht wird, muß grundsätzlich ein Erwachsener dabei sein. Kinder sollen selbst ausprobieren können, wie langsam ein Feuer zündet und zu brennen beginnt und wie man Holzscheite richtig nachlegt, damit es brennt. Das brennende Feuer ist nicht berechenbar: Funken stieben oft in alle Richtungen und es kann vorkommen, daß sich ein brennender Funke in einem Kinderanorak festsetzt. Deshalb ist es nötig, daß ein Wassereimer in der Nähe steht und ein Erwachsener eingreifen kann. Die Feuerstelle ist eine temporäre Installation, die geschaffen wird, wenn sie gebraucht wird. Material zum Brennen kann das ganze Jahr über und sogar auf dem eigenen Gelände gesammelt und gelagert werden. Die erloschene Asche wird später zusammengekehrt und in die Pflanzbeete gegeben. Die letzten Spuren werden durch die Kinder selbst beseitigt.

Der Wind kommt zu Besuch

Eine große Wiese, auf der soviel Auslauf möglich ist, daß Kinder Drachen steigen lassen können, wird die Ausnahme in den Kindertagesstätten sein.

Trotzdem sollte auf viele verschiedene Windspiele nicht verzichtet werden. Auf den meisten Freiflächen an Kindertagesstätten gibt es keinerlei vertikale Unterbrechungen durch große Bäume, Pergolen, Rankgitter. Metallzäune an der Grundstücksgrenze und mehrere Spielgeräte auf einer Sandfläche sind oft die einzigen Gegenstände, die das sonst flache Gelände unterbrechen. Was fehlt, sind vertikale Objekte, die Räume gliedern und an die auch Gegenstände befestigt werden können.

Denken Sie an große bemalte Totempfähle aus Holz! Übersetzt aus der Volkskunde in die heutige Zeit, könnte das für Freiflächen an Kindertagesstätten bedeuten, daß an markanten Stellen im entsiegelten Gelände einige dieser Naturstämme (Lärche, Eiche, Douglasie, Robinie) senkrecht in der Landschaft stehen. Sie sollten mindestens 30 cm Stammdurchmesser haben; ihre Höhe kann zwischen drei Metern und 40 cm (Sitzhocker und Tisch) variieren. Ihre Oberfläche ist nur geschält, die obere Kopfpartie weich gerundet.

Die Stämme werden ohne Beton in den Boden eingelassen, Schotter wird eingestampft, damit keine Staunässe entsteht. Die Stämme sind im Erdreich angekohlt,* um den Verrottungsprozeß zu verlangsamen. Der glatte Stamm kann mit Schnitzmessern und Raspeln bearbeitet werden, es können Gegenstände angehängt werden. Die Stämme können durch die Kinder bemalt werden. Am oberen Ende eines solchen Stammes sollten verzinkte große Ringschrauben angebracht werden, mit deren Hilfe wechselnde Kulissen aufgehängt werden bzw. entstehen können. Für ein Sommerfest werden zwischen die großen Pfähle Leinen oder Drähte gespannt und an ihnen lange farbige Flatterbänder oder Papierlampions, Tücher, Fahnen, Windspiele und Windharfen befestigt. Es sollte pädagogisches Ziel sein, den Außenraum mehr für Aufführungen und Feste zu nutzen. Dann lassen sich auch geeignete Standorte finden, die großen Holzstämme so im Gelände zu plazieren, daß mit Hilfe von Seilen eine Theaterbühne mit Vorhang, ein Puppentheater, ein Marktstand oder ein „Festzelt" mit Tüchern hergestellt werden kann.

Alle Windspiele lassen sich in irgendeiner Form an gespannten Seilen fixieren und können von Kindern auch durchs Fenster beobachtet werden.

Die variabelste Form, „Erlebniskulissen" im Außengelände zu installieren, in denen Licht und Farbe, Wind, Schatten, Innen und Außen erlebbar werden, ist eine Zeltstadt. Sie wurde bereits entwickelt und in Fortbildungsseminaren mit Erzieherinnen und Erziehern erprobt. Der Öko-Pädagoge nennt dieses Projekt

„Gebaute Träume zwischen Himmel und Erde. Ein Zeltbausystem für Kinder". Es soll hier wegen seiner einfachen Reproduzierbarkeit kurz dargestellt werden. Ausgangspunkt ist jeweils ein Quadrat und ein gleichseitiges Dreieck mit

* (s. auch S. 43, chem. Holzschutz)

1 m Seitenlänge aus beliebigem Stoff. Doppelt gesäumt haben die Tücher an allen Enden stabile Schlaufen aus Schnur oder Stoff, um so mit anderen Tüchern verbunden werden zu können. Bambusstangen von 1,05 m Länge geben seitlichen Halt, eine große Bambusstange von 1,60 m Länge als Mittelstütze wird von drei Seiten mit Schnüren und Zeltheringen als Grundgerüst aufgestellt und gibt der Konstruktion ihren Halt. Tücher werden untereinander mit Rundholzstücken an den Schlaufen verkoppelt, einige Gummiringe um das obere Ende der Stützstange gewickelt, die den eingehängten Stoffschlaufen Halt geben.

Der Gestaltungs- und Variationsvielfalt sind so wenig Grenzen gesetzt wie der Funktionalität und Sicherheit in der Anwendung. Das Baukastensystem ist so einfach, daß Kinder alle Materialien leicht transportieren, auf- und abbauen können.

Die geringen Kosten sind hervorzuheben. Alle Stoffteile sind aus Bettlaken, Vorhängen, alten Decken, Stoffresten und Tischdecken genäht. Bambusstangen und Schnüre sind preiswert und leicht zu beschaffen. Nur die Zeltheringe sollten im Fachhandel besorgt werden, damit die Stabilität gewährleistet ist. Die Proportionalität und Überschaubarkeit ist durch die Größe der Grundflächen garantiert. Da alle Maße miteinander gekoppelt werden können, erlaubt dieses Bausystem den Kindern, ein Formgefühl für Flächen zu entwickeln, aus dem ein differenziertes Raumgefühl entstehen kann.

Die gebauten Zelt-Träume haben einen sehr sinnlichen Charakter. Je leichter das Material, desto schwebend-schwingender die Wirkung (Wolkenparadies), je schwerer und strapazierfähiger das Material, desto massiver die Wirkung (Ritterburg). Die Wahl der Farben bestimmt die atmosphärische Wirkung im Innern der Zeltlandschaft bei entsprechendem Tageslicht. Das

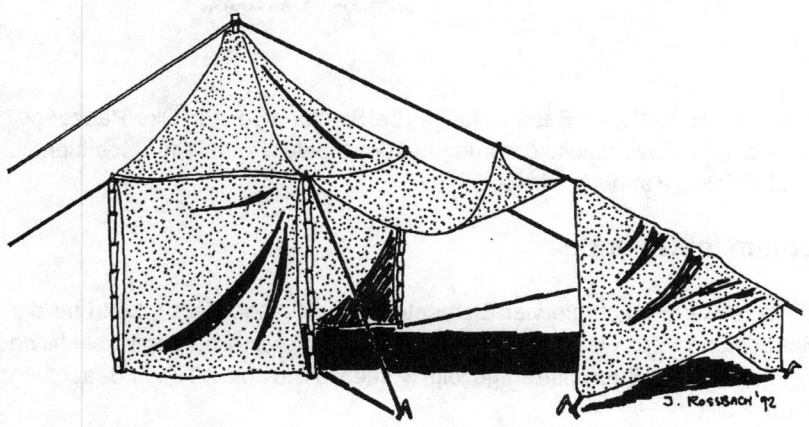

J. Rossbach '92

Spektrum reicht von dekorativ-bunt, hell-gold-gelb, grobmaschig-hell-weiß bis lichtundurchlässig-dunkel. So entstehen Stimmungen wie auf einer Wolke, in einem Zirkuszelt oder in einer Höhle.

Das System der variablen Zelte stellt eine Brücke dar zwischen Innen- und Außenraum – es kann durch Montage von Haken an Decke und Wänden auch in Gruppenräumen aufgebaut werden.

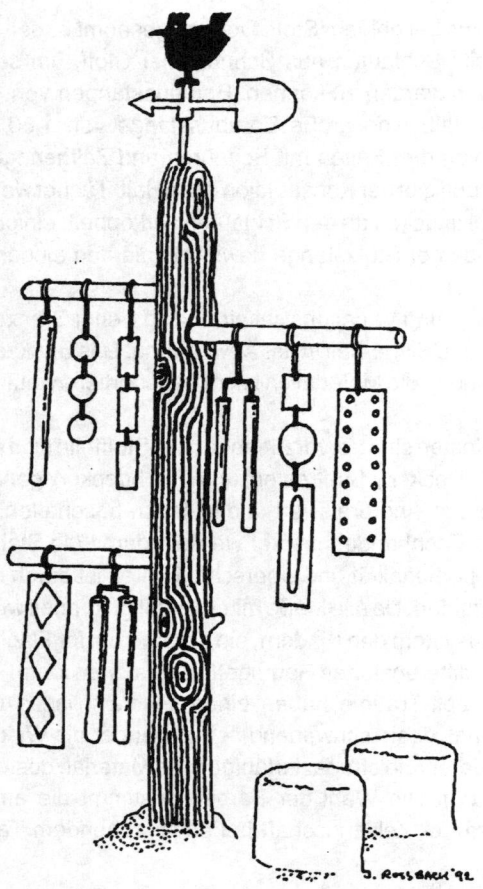

(Nähere Informationen/Bauanleitungen bei Siegfried Seeger, Öko-Pädagoge, Referent für Gesundheitsförderung bei der Landeszentrale für Gesundheit, 55116 Mainz, Karmeliterstraße 3.)

Bauen im Gelände

Mit dem Gang durch die vier Elemente Erde, Wasser, Feuer, Luft und der Betrachtung ihrer Gestaltbarkeit in der Freifläche sind bereits wesentliche Kriterien für eine Bauweise aufgezeigt worden, die in Zukunft mehr Beachtung finden sollte.

Auf der Suche nach den vielen Möglichkeiten der Gestaltung soll nie außer acht gelassen werden, daß die Außenanlagen stets in Richtung eines Sinnesgartens angelegt werden. Die Sinne werden nur dann geschult, wenn sie beansprucht werden. Das geschieht dann, wenn es etwas zu sehen, zu riechen, zu tasten, zu fühlen und zu hören gibt. Eine grüne Wildnis mit hohen Kletterbäumen am Ende des Grundstücks wäre das den Kindern angemessene Areal, in dem sie die städtische Umgebung für eine Weile vergessen und ihren eigenen Träumen nachgehen könnten. Doch sind die zur Verfügung stehenden Grundstücke meistens so eng bemessen, daß es für die Anlage einer „Kriechwildnis" keinen Platz gibt. Um trotzdem Effekte des „Verstecktseins" zu realisieren, ist das Bauen von Kriechtunneln und Iglus die einfachste Methode.

Kriechtunnel und Iglu

Diese Technik gehört in die Sparte des Baus mit der lebendigen Pflanze. Etwa 2 m lange Weidenruten werden mit dem dicken Ende ca. 30 cm tief in die feuchte Erde gesteckt und in schräger Lage miteinander verbunden. Mit Bast oder

Weidenrinde bleiben die Weidenruten verbunden, bis sie richtig angewachsen sind.

Ein Tunnel sollte keine „Röhre" nachbilden, sondern im Gelände leicht geschwungen eingebaut werden. Die Breite sollte 60 - 80 cm betragen, die Länge zwischen vier und acht Metern sein. Die Ruten werden beidseitig des Tunnels gesteckt, miteinander verkreuzt und oben miteinander verbunden, so daß ein Gewölbe entsteht. Wenn die Weidenruten oben sehr eng zusammenlaufen, entsteht ein gotischer Spitzbogen, wenn sie oben rund gebogen werden, sieht der Tunnel weicher aus.

Durch regelmäßiges Wässern erleichtert man das Anwachsen der Weidenstämmchen. Man erkennt das Anwachsen daran, daß die Ruten kleine grüne Blätter austreiben. Nach kurzer Zeit schon sprießen kleine Äste aus den Ruten. Die grünen Ästchen müssen immer in das Anfangsgeflecht zurückgesteckt werden, sodaß das Gewebe dichter wird. In der Anfangsphase sind die Weidenruten noch sehr empfindlich, da sie im Boden stecken und noch keine Wurzeln gebildet haben. Man kann sie also sehr leicht herausreißen. Mit dem Austreiben der ersten grünen Blätter werden auch im Erdreich Wurzeln gebildet, die den Ruten nun Halt geben. Wenn einzelne Ruten nicht anwachsen (was öfter passiert), müssen sie deshalb nicht entfernt werden. Die jungen Triebe der benachbarten Ruten werden in die abgestorbenen Ruten geflochten und wachsen langsam zu. Erwachsene sollten die oberen Enden der Rutentriebe stecken, den Kindern überläßt man die Arbeit in ihrer Körperhöhe.

Schon nach zwei Jahren ist das Weidengeflecht so dicht, daß man mit der Rosenschere kleine Sichtfenster in die Seiten schneiden kann, um so einen Ausblick zu haben.

Der Iglu ist die komprimierte Form eines grünen Versteckes, in dem Kinder ausgezeichnet spielen können. Die kindlichen Dimensionen sollten nie außer acht gelassen werden – es reicht ein Durchmesser von 1,60 - 2 m und ein Einschlupf von 60 - 80 cm Breite. Die Höhe ist mit 1,60 m ausreichend. Der Bau eines Iglus mit Weidenruten beginnt mit der Auswahl des richtigen Standortes. Er sollte etwas abgelegen von anderen Spielflächen sein und in Erdwälle eingebettet sein. Der Iglu wächst nicht dicht und geschlossen wie z.B. eine Erd- oder Steinhöhle, sondern bleibt transparent und luftig trotz seiner vielen grünen Blätter. Deshalb sollte man ihn so ins Gelände einbauen, daß er nicht von allen Seiten gleichzeitig gesehen werden kann.

Man steckt die Grundfläche mit Holzpflöcken aus, gräbt eine schmale Rinne, in die die Weidenruten 30 cm tief gesteckt werden, tritt das Erdreich mit den Füßen gut fest und gießt die Erde an.

Die Ruten werden oben gebogen, mit den gegenüberliegenden Ruten verbunden und mit Bast oder Weidenrinden verflochten. Im unbegrünten Zustand sieht der Iglu wie ein umgekehrter Korb mit Einschlupf aus. Das regelmäßige Gießen beschleunigt den Prozeß des Anwachsens. Nach dem Austrieb der ersten Weidenzweige werden diese immer wieder zurückgeflochten in die Weidenruten, so daß die Konstruktion dichter wird. So wird der Iglu langsam stabil.

Iglu und Kriechtunnel sind leicht zu pflegen. Mit dem Einflechten der frischen Triebe ist die meiste Arbeit schon getan. Beide Konstruktionen sind sowohl weich und transparent als auch fest und dauerhaft. Mit Hilfe einer Rosenschere kann man sich das ganze Jahr über mit Stöcken versorgen, die für das Spiel innen und außen gebraucht werden.

Sandspielplatz

Eine Sandkiste gehört zum Standardprogramm der Ausstattung für Freiflächen an Kindertagesstätten. Sie sind häufig so gestaltet, daß sie mehr an Baugruben erinnern und nicht an das lustvolle Spiel von Kindern. Ein abgesenktes und oft überdimensioniertes rechteckiges Loch inmitten einer Umgebung von Betonplatten ist die eine anzutreffende Variante. Eine andere ist die Sandkiste mit Holzeinfassung, die irgendwo unvermittelt im Gelände steht. Beide Versionen geben dem Spiel mit Sand wenig Sinn.

Wegen der Verunreinigungen vor allem von Katzen muß ein jährlicher Austausch durchgeführt werden. Deshalb muß der Sandspielplatz so gelegen sein, daß ein problemloses An- und Abfahren durch Versorgungsfahrzeuge möglich wird. Zudem muß er klein dimensioniert sein und sollte an einer überwiegend sonnigen Stelle liegen. Die kleine Dimensionierung reduziert nicht nur die auszutauschende Sandmenge, sondern auch die Strahlungswärme im Sommer.

In unmittelbarer Nähe großer Sandspielflächen hat es die Vegetation besonders schwer. Die Aufheizung und Reflexion der Sandflächen erhöht den Verdunstungsstreß der Bäume, dem sie bei regenarmem Sommer ausgesetzt sind. Die Sandspielfläche im Schatten oder Halbschatten von Bäumen zu plazieren, ist deshalb nicht sinnvoll, weil der Sand die UV-Strahlen der Sonne braucht. Diese sorgen zumindest auf der Oberfläche für eine bakterielle Reinigung des Sandes.

Die Gestaltung einer Sandspielfläche sollte sich von den alten Vorstellungen einer Spielkiste trennen. Statt dessen wäre eine Spiellandschaft anzuregen, die sowohl den Kindern als auch den Erwachsenen mehr Spaß bringt.

Auf mehreren Spielflächen bewährt haben sich mit verschiedenfarbigen Klinkern gemauerte Einfassungen, die weder in der Breite noch in der Höhe dieselben Maße haben. Die tiefste Stelle (10 - 20 cm über Bodenniveau) ist der Einlaß für Kinder und Sandspielzeug. Dort kann auch der Sandaustausch vorgenommen werden. Die gemauerte Form umrundet in weichen Schwüngen die Sandfläche – ihre Grundrißgestaltung sieht „amöbenartig" geformt aus und vermeidet exakte geometrische Gebilde wie Kreis oder Ellipse. Die unterschiedliche Breite wird so gemauert, daß Nischen, Ecken und Wölbungen entstehen. Diese können als Backtische, zum Sitzen und zum Klettern benutzt werden. Der gemauerte Wulst kann von der Sandinnenfläche her bespielt werden, er kann aber auch als Sitzlandschaft dienen für Kinder und Erwachsene, die sich außerhalb des Sandkastens aufhalten. Die Ecken sind mit gerundeten Formsteinen abgerundet – eine Verletzungsgefahr ist somit ausgeschlossen. Wenn Künstler am Werk sind, die über das einfache Mauern hinaus gestalterische Möglichkeiten suchen, entstehen zusätzliche Formen. Kleine minarettartige Türme, Wülste mit runden Öffnungen, durch die man schauen kann, Pfosten, die eine Skulptur tragen. Von weitem sieht die Einfassung eines solchen Sandspielplatzes wie die Miniatur einer Burgenlandschaft aus.

Um ein solches Projekt zu realisieren, braucht man vor allem Zeit, um über die Erarbeitung von Modellen formsicher zu werden.

Ein kleines Streifenfundament (mit 80 cm Erdtiefe und 40 cm Breite), eine Anzahl bunt gemischter Klinker- oder Ziegelsteine, ein paar Sack Zement und

Sand, das ist alles. Eine Kostenangabe ist schwer zu nennen. Bei genügend Vorbereitungszeit können viele Materialien aus dem Recycling stammen, so z.B. Schuttsteine für das Fundament, Ziegelsteine aus Bauabriß, verschiedene Steinreste vom Materialhof des Gartenamtes, des Hochbauamtes, oder sehr preisgünstige Restposten von Klinkern der Baustoffhandlungen.

Wer Wert legt auf eine intensive Beteiligung von Kindern, sollte mit ihnen zusammen die Oberflächen von Steinen glasieren, d.h. sie im Brennofen härten und später einbauen. So entsteht ein Unikat, auf das alle stolz sein können und das auch nach Jahren nichts von seiner Ausstrahlung verloren hat.

Die Einbettung der Sandspielfläche in die Umgebung kann durch die bereits genannten Totempfähle aufgewertet werden. In der unmittelbaren Umgebung der Sandeinfassung werden drei große Naturstämme eingegraben. Am oberen Ende der Pfähle werden Ringschrauben angebracht. Mit Hilfe der Ringschrauben verbindet man die Pfähle untereinander mit Seilen oder Schnüren.

Sie überdecken einen Teil der Sandfläche. An den Verbindungsseilen kann man nun ein Sonnensegel anbringen, das Schatten spendet, oder Tücher verknoten, die nach unten hängen und den Spielraum zur Umgebung abgrenzen.

Die Farbe und Größe der Tücher wird die Stimmung verstärken. Helle und luftige Tücher wirken anders als dunkle schwere, wie schon soeben beschrieben.

Kinder produzieren Kunst

Einen Skulpturenpark inmitten von Grün anzulegen – auf diese Idee kann man kommen, wenn man durch alte Schloßgärten und historische Parks schlendert. Diese Idee läßt sich in Kindertagesstätten ideal verwirklichen, besonders dann, wenn schon erste Umgestaltungsprojekte durchgeführt worden sind. Dann bekommen Skulpturen einen ihnen gemäßen Rahmen.

Der Skulpturenpark wird aus Ytong-Steinen gefertigt, einem sehr leichten weißen Material aus Gasbeton. Diese Steine sind schon von dreijährigen Kindern einfach zu bearbeiten. Sie sind gut im Gelände zu bewegen – die Bearbeitung sollte wegen der Staubentwicklung nur draußen geschehen. Sie lassen sich leicht mit einem Obstmesser, mit einem nicht sehr scharfen Fuchsschwanz, mit allen Arten von Raspeln und mit Schmirgelpapier bearbeiten. Die Formate von Ytong-Steinen sind unterschiedlich, aber sie sind größer als Ziegelsteine. Jeder einzelne Stein kann zu einer Plastik oder einem Relief umgearbeitet werden. Ein Hase, eine Schnecke, ein Igel, ein Käfer, eine Maus..., der Phantasie sind keine Begrenzungen auferlegt. Die Figuren sollten kompakt bleiben. Filigrane Gestaltungen brechen leicht ab.

Wenn eine Steigerung gewünscht wird, lassen sich auch mehrere Ytong-Steine miteinander durch eine 1 : 3 Zementmörtelmischung verbinden. Man legt diese Steine auf die dafür vorgesehene Stelle im Gelände. Sie wird vorher geglättet, so daß die Steine gut liegen. Wenn der Mörtel nach einem Tag abgebunden hat, können die Steine als „Großplastik" bearbeitet werden: eine überlebensgroße Raupe, ein Schwein, auf dem Kinder sitzen können, ein Mini-Drache, ein Fabeltier.

Den Abschluß der Arbeiten an den Skulpturen, die im Blumenbeet ebenso schön aussehen wie im Gebüsch oder in einer Nische, bildet die Glättung der Oberfläche mit Schmirgelpapier. Die Skulptur ist blütenweiß. Sie kann auch mit Fingerfarben oder wasserlöslicher Dispersionsfarbe bemalt werden. Ein Überzug aus ungiftigem Bootslack oder ähnlichem gibt der farbigen Skulptur den letzten Glanz.

Ytong-Steine sind kurzlebig. Das ist gut so, denn so muß häufiger ergänzt werden und nachfolgende Kinder haben auch die Chance, ihre eigenen Skulpturen zu bauen und sie im Gelände zu plazieren. Ein bearbeiteter, aber nicht bemalter Ytong-Stein verliert im Verlauf von wenigen Wochen seine weiße Farbe. Der (saure) Regen frißt Spuren in ihn hinein. Langsam siedeln sich Flechten und Moose auf ihm an. Die ehemals scharf konturierten Ecken werden runder, die Oberfläche porös, schwammartig. Die Farbe wechselt langsam, aber merklich nach grün. In ein oder zwei Jahren ist das Volumen geschrumpft und er sieht grün und verwittert aus. Er beginnt, seiner Umgebung zu ähneln. Bemalte Steine halten etwas länger ihr ursprüngliches Aussehen. Der Verwitterung ist die Oberfläche aber ebenso ausgesetzt wie der unbehandelte Stein.

Das Arbeiten mit diesem Stein und die anschließend an ihm arbeitenden Naturprozesse sind eine ausgezeichnete Gelegenheit, Kindern etwas von der Vergänglichkeit und der Veränderbarkeit vor Augen zu führen. Hier geht nicht etwas „kaputt", sondern hier verändert sich etwas. Die Verwitterungspatina ist das untrügliche Zeichen für die Arbeit der Naturkräfte (Wind, Regen, Frost, Hitze) an der Skulptur. Diese Kunst im Garten soll als Provisorium begriffen werden – sie muß ständig durch neue Skulpturen ersetzt werden, nichts an ihr ist dauerhaft. Wer die Skulpturen vor dem natürlichen Verfall bewahren will, muß sie im Haus in Vitrinen stellen.

Es gibt auch dauerhafte Skulpturen, die als Sitzlandschaft auf einigen Schulhöfen und Kindertagesstätten in Norddeutschland und Berlin stehen. Ihre Dimensionen sind größer, sie variieren zwischen einem und 20 Metern Länge. Die Skulpturen sind aus Abbruchsteinen gemauert, mit Mörtel überzogen und farbig bemalt oder mosaikartig mit farbigen Fliesenbruchstücken überzogen. Andere Skulpturen haben einen Korpus aus feinem Maschendraht, der prall mit Altpapier ausgestopft wurde. Sie sind mit Zementmörtel überzogen und bemalt.

Die Arbeitstechniken lassen sich zwar beschreiben, sind aber aus Erfahrung nur durch praktische Anleitung zu vermitteln und weiterzugeben. Dies sollte über einen Fortbildungskurs „Natur und Kunst" eingeleitet werden.

Auf in den Garten

Wenn die Überlegungen zur gärtnerischen Gestaltung an Kindertagesstätten am Ende dieses Textes stehen, signalisiert das nicht eine Rangfolge in der Bedeutung, wohl aber eine Rangfolge im Schwierigkeitsgrad.

Bis hierher wurde versucht, Gestaltungsprinzipien aufzuzeigen und zur Nachahmung anzuregen, die kaum in einem Buch zu finden sind und deshalb als ungewöhnlich aufgenommen werden können. Wer ernsthaft versucht, diese Gestaltungsprinzipien anzuwenden, wird feststellen, daß zwar eine Menge an

Eigeninitiative, Elternhilfe und Ämterkooperation vonnöten ist, daß alle Vorhaben aber in mehr oder weniger großen Zeitspannen tatsächlich zu realisieren sind. Die Vorhaben sind dann auch irgendwann in sich abgeschlossen. Eine Hügellandschaft ist angelegt und kann bespielt werden, die Totempfähle eingegraben und Seile an ihnen befestigt, die Buddelkiste abgerissen und eine neue Sandkasteneinfassung gemauert. Selbst eine Bepflanzung mit Bäumen, Hecken und Strauchgruppen ist irgendwann angewachsen und kann ohne Hilfe weiterwachsen.

Anders ein Garten. Auf dem Sektor des Gärtnerns gibt es eine üppige Ausstattung kompetenter Fachbücher und Broschüren (s. Literaturliste), die allesamt um ein praxisnahes Verständnis bemüht sind. Man kann ohne weiteres jede beliebige Broschüre oder jedes Fachbuch über Blumenwiesen, Staudengärten, Gemüsebeete, Kompostanlagen usf. studieren und sich anregen lassen. So wichtig die Anregungen sind, sie lassen sich aus den Lebensbedingungen von Schulen und außerschulischen Lernorten nicht ohne weiteres auf die Lebensbedingungen von Kindertagesstätten übertragen. Zu fragen bleibt, ob die täglichen Routinearbeiten in Kindertagesstätten für eine Gartengestaltung noch genügend Raum lassen.

Der Wartungs- und Pflegebedarf von Gärten ist hoch. Ein Garten muß regelmäßig und auch in den Ferienzeiten gepflegt werden. Es kann deshalb sein, daß die Ansprüche, für Kinder einen wunderschönen Garten anzulegen, in dem Obst, Gemüse und Kräuter selbst großgezogen und geerntet werden können, zu hoch gesetzt sind. Dann wird das Vorhaben zum Streßfaktor für Erwachsene und zur Dauerbelastung, die den Kindern schadet.

Kleine Projekte beginnen

Projekte, die mit dem Gärtnern im ursprünglichen Sinn zu tun haben, sollten von Herzen kommen und pädagogisch motiviert sein. Es reicht aus, mit kleinsten Projekten im Gruppenraum zu beginnen. Das Ziehen von Kresse, das Beobachten von Wachstum und das anschließende Probieren sind ein guter Start. Nachfolgend können Zierkürbiskerne in Pflanztrögen gezogen werden. Wichtig ist, daß die tägliche Pflege und das routinemäßige Beobachten nie vergessen werden.

Die ersten Versuche im Außenraum könnten darin bestehen, daß im Gruppenraum vorgezogene Sonnenblumen nach draußen gepflanzt werden. Zu dem täglichen Beobachten kommt nun auch noch die Sorge, daß die Blumen genügend Standfestigkeit behalten und nicht durch den Wind abbrechen. Oft müssen sie an einen Stab angebunden werden. Wenn eine Möglichkeit besteht, lange Bohnenstangen zu besorgen, läßt sich ein Experiment mit Feuerbohnen starten.

Zugegeben, die Projekte klingen aus der Sicht der Erwachsenen klein und unbedeutend. Nur dadurch, daß man mit den Kindern gemeinsam die Projekte langsam angeht, wächst auch die Empfänglichkeit und die Zuwendungsgabe für größere Projekte. Wer sich traut, mit Kindern gemeinsam ein Staudenbeet anzulegen, sollte dabei folgendes beachten. Das Staudenbeet braucht tägliche

Pflege und Beachtung. Es sollte daher in direkter Nähe zum eigenen Gruppenraum liegen und gut erreichbar sein. Dann machen das tägliche Nachsehen und das notwendige Gießen keine große Mühe. Das Beet sollte so angelegt sein, daß Kinder alle Pflanzen im Beet erreichen können. Sie sollen ruhig einen Meter und mehr Tiefe haben, damit die Stauden genügend Ausbreitung für ihre Wurzeln finden. Damit die Kinder alle Pflanzen erreichen können, durchsetzt man das Beet mit Platten, auf denen ein ungehinderter Zutritt möglich ist. Die Trittplatten können große gesägte Scheiben aus Holzstämmen sein. Natursteinplatten sind ebenso möglich – und wenn nichts davon zur Verfügung steht, geht es auch ausnahmsweise mit Betonplatten, die zwischen Stauden gelegt werden.

Die Abgrenzung des Staudenbeetes zur Umgebung ist immer problematisch, wenn das Gelände gleichzeitig auch zum Spielen genutzt wird. Die ökologisch und pädagogisch beste Lösung ist die Einfassung der Beete mit Holzstämmen, die so verarbeitet werden, wie sie gewachsen sind – also unbehandelt! Die Holzstämme, liegend eingelassen, sollten wenigstens 25 cm Stammdurchmesser haben, müssen nicht von Rinde befreit werden und keine einheitliche Länge haben. Die Stämme werden zu einem Drittel ins Erdreich eingelassen, so daß sie gut im Boden liegen. Diese Abgrenzung ist von den Kindern gut zu erkennen, so daß sie nicht ständig in den Beeten spielen. Die Stämme trennen das Pflanzbeet von der Umgebung und sind gut als Sitzmöglichkeit von den Kindern zu nutzen. Die Stämme beginnen im Bodenbereich zu verrotten und tragen somit zur Humusbildung bei. Daß sie nach mehreren Jahren ausgewechselt werden müssen, weil sie morsch geworden sind, macht sie für Kinder interessanter als druckimprägnierte Hölzer: Es gibt im morschen Holz viele Tiere zu beobachten. Das rotte Holz wird nicht „entsorgt", sondern bildet den Grundstein für ein Totholzbiotop an einer anderen Stelle im Gelände.

Ein Staudenbeet kann mit Kindern zusammen angelegt werden. Mutterboden wird angefahren und ein Beet, möglichst in Hausnähe, ausgesteckt und mit Mutterboden verbessert. Die Pflanzung von Stauden sollte im Frühjahr oder Herbst stattfinden. Das Projekt Staudenbeet sollte mit den Eltern durchgesprochen sein. Vielleicht haben einige von ihnen einen Schrebergarten und sind bereit, Stauden durch Teilung der Pflanzen abzugeben, oder können mit Gartengeräten und technischem Know-How helfen.

Es gibt nur wenige Kriterien, die ein Staudenbeet erfüllen sollte:

- Die Wuchshöhe sollte unterschiedlich sein; flachwüchsige vorn, halbhohe und hohe Stauden nach hinten setzen.
- Es sollte von Frühjahr bis Herbst immer an irgendeiner Stelle etwas blühen.
- Das Staudenbeet sollte nicht überladen gepflanzt werden, dann wird die Pflege schwierig, und die Kinder verlieren die Übersicht.
- Giftpflanzen beachten.
- „Unkraut" nur zupfen, wenn anderes überwuchert wird. Freie Stellen mit eigener Pflanzenaussaat füllen oder aber mit Rasenschnitt und/oder Blättern mulchen.

Der kleinste Nutzgarten ist ein Schachbrett

Die Anfangsidee hatte eine Lehrerin an einer Berliner Grundschule. Sie fing ihr Gartenprojekt mit Zweitklässlern an, indem sie mit ihnen zusammen in einem ungenutzten Innenhof auf der kaum betretenen Rasenfläche ein Areal absteckte. Dann wurden Betonplatten (50x50 cm) besorgt, die überall auf dem Schulgelände reichlich vorhanden waren. Mit den Betonplatten legte sie ein Schachbrettmuster aus, so wechselten sich Rasenstück und Betonplatte im Raster ab. Jedes Kind bekam ein eigenes Stück Erde von 1/4 m² Größe. Die Rasensoden wurden mit kleinen Schaufeln ausgehoben, die Erde umgegraben, und schließlich wurden individuell kleine Gärtchen angelegt.

Die anfängliche Befürchtung, der Platz sei für eine ganze Klasse zu eng zum Arbeiten, erwies sich als unzutreffend. Die Kinder besetzten jeweils eine Steinplatte, von der aus sie ihr Beet bearbeiteten. Die Freude an der Gartenarbeit währte eine Saison.

Ein Jahr später übernahm eine andere Kollegin mit einer anderen Klasse das Schachbrett, weil die Initiatorin an eine andere Schule versetzt wurde. Nach einem weiteren Jahr blieb das Schachbrett unbesetzt und es wuchs langsam Gras über den Platz ...

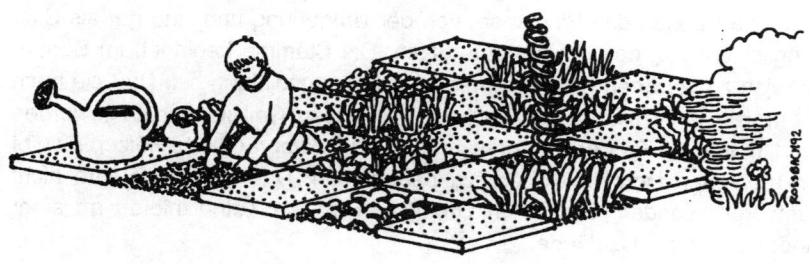

Das Schachbrett war ein Mustergarten, in dem Radieschen, Bohnen, Karotten, Petersilie, Sonnenblumen, Ringelblumen wuchsen, ganz so, wie die Kinder es für sich angelegt haben wollten. Sie spielten oft in den großen Pausen in diesem Innenhof, um möglichst nahe am eigenen Beet zu sein. Nach einem Jahr hatte sich das verändert. Die Veränderbarkeit ist erstrebenswert: Wenn, aus welchen Gründen auch immer, ein Vorhaben nicht kontinuierlich weitergeführt werden kann, sollte man es ändern können. Dieser Schachbrettgarten ist reversibel – wenn er nicht mehr gebraucht wird, oder es niemanden gibt, der sich als Erwachsener darum mit kümmert, wird er wieder aufgelöst (man kann die Betonplatten auch wieder dorthin zurückbringen, wo sie zuerst gelegen haben). Die Idee, einen Garten erneut einzurichten, kann jederzeit wiederbelebt werden, ohne daß für Erwachsene der Streß entsteht, die Umsetzung der Idee dann auch jahrelang weiterführen zu müssen.

Biotopvielfalt in den entlegensten Ecken

Die wünschenswerte Vielfalt von Flora und Fauna, die sich in einem differenziert modellierten Gelände leichter einstellt als auf nur ebenem Boden, kann

durch zwei weitere Biotoparten gesteigert werden, die die Kinder in Kindertagesstätten selbst anlegen sollten: den Steinhaufen und das Totholzbiotop.Der
Steinhaufen entsteht, indem von allen Beteiligten Steine gesammelt, mitge-
bracht und an einer abgelegenen Ecke im Gelände aufgeschichtet werden.
Wenn Gesteinsarten wie Findlinge, Granit, Schiefer, Tuff und Kalkgestein am
jeweiligen Ort selten sind, eignet sich auch Bauschutt. Um möglichst viele
Hohlräume zu schaffen, sollten Wurzelstücke und Äste dazwischen gelegt
werden. An sonnigem Standort siedeln sich auf dem Steinbiotop Königskerzen,
Dachwurz, Lein, Fetthenne, Schwalbenwurz und Küchenschelle an. Wer den
Steinhaufen, der nie höher sein soll als ein Meter, mit zusätzlichen Pflanzen
bestücken will, sollte zwischen die Ritzen etwas lehmhaltige Erde drücken. Auf
einem vollsonnigen Standort mit leicht kalkhaltigem Boden (Schutt) eignen sich
als Stauden Blaukissen, Gänsekresse, Pfingst- oder Federnelke, Polsterphlox,
Johanniskraut, Hungerblümchen, Schleifenblume, Hornkraut, Stauden-Lein,
Steinbrech, Mauerpfeffer, Katzenminze, Thymian und Küchenschelle. Für
einen schattigeren Bereich kommen andere Pflanzen in Frage: Mauerraute,
Lerchensporn, Steinfeder, Leberbalsam, Gemskresse, Leinkraut und Hirsch-
zunge. Mit einer standortgemäß orientierten Vegetation wird ein Gesteinsbiotop
sehr bald von einer Vielzahl von Tieren besiedelt. Die verschiedenen Blüten
locken Insekten und Schmetterlinge an. Insekten finden in den Ritzen Verstek-
ke, Hummeln und Solitärbienen schaffen sich Brutplätze. Laufkäfer finden sich
ebenso ein wie Würmer, Spinnen und Asseln. Diese sind Beutetiere für Zaun-
und Mauereidechse und für Säugetiere wie den Igel. Meisen bauen sich gern
in Mauerhöhlungen ihre Nester – und vielleicht stellt sich auch ein Mauswiesel
ein, das von hier aus auf Wühlmausjagd geht. Unter kühlen, feuchten Steinen
suchen Kröten Schutz vor der Sonne, und Molche finden hier ein Versteck für
die Winterruhe.

Der scheinbar etwas unappetitlich aussehende Steinhaufen entpuppt sich
als eine ökologische Bereicherung in einem Freigelände, der sogar für die
Beobachtung von Naturkreisläufen für Kinder spannend sein kann – wenn man
als Erwachsener versteht, die Kinder zum aufmerksamen Beobachten anzuregen.

Leben auf abgestorbenen Zweigen – das Totholzbiotop

In einem großen bewachsenen Freigelände fallen jährlich durch Auslichtung
und Rückschnitt Äste und Zweige an, die normalerweise „entsorgt" werden. Es
wird in Zukunft nicht mehr nötig sein, Schnittgut zu entfernen. Tote Äste und
Wurzelstöcke sollten unter den Sträuchern liegenbleiben. Das „Unordentliche"
ist eigentlich eine natürliche Vielfalt. Auf abgestorbenen Ästen und Zweigen
leben Flechten, Algen und Pilze. Im Holz wiederum leben Käferlarven, die den
Vögeln als Nahrung dienen.

Ein Totholzbiotop kann mit Kindern zusammen errichtet werden. Dafür
braucht man an einer abgelegenen Stelle im Gelände eine Fläche von 1,50
bis 2 m, auf der als Totholzhaufen altes Holz, Baum- und Heckenschnitt
aufgeschichtet wird. Man kann sogar mit alten unbehandelten Brettern beginnen, die flach auf den Boden gelegt werden (um den Verrottungsprozeß zu

beschleunigen). Diese Bretter werden gern von Blindschleichen, Molchen und vielen Wirbellosen als Versteckplatz aufgesucht. Über die Bretter schichtet man Äste und Reisig. Dornige und stachlige Zweige sollten als obere Abdeckung dienen - das verwehrt herumstreunenden Katzen den Zutritt und schafft eine ideale Brutstätte und Fluchtmöglichkeit für Singvögel wie den Zaunkönig, der gern in luftigen, erdnahen Verstecken sitzt. Der Totholzhaufen sollte nicht höher als 1,50 m gestapelt werden. In seinem dichten Reisig schlüpfen Igel und Erdkröten unter, aber auch Spitzmäuse und Laufkäfer fühlen sich dort wohl.

Eine andere Variante, die weniger ungeordnet wirkt und sogar als „Raumteiler" funktioniert, ist der aus unbehandelten Stämmen geschichtete Holzhaufen. Stämme beliebiger Dicke mit gleicher Länge (60-80 cm) werden zwischen mehrere senkrecht eingelassene Holzpfähle geschichtet, bis sie ca. einen Meter erreicht haben. Der Holzstapel enthält viele Hohlräume, die vielen Tieren Unterschlupf bieten. Die Bodenrotte in Erdnähe setzt ein, und der Besiede-

lungsprozeß von Kleintieren beginnt. Der Holzstapel braucht nicht in einer abgelegenen Ecke aufgeschichtet zu werden. Er läßt sich genauso gut als Funktionsteiler zwischen zwei unterschiedlichen Bereichen installieren oder als eine Teilungswand einrichten, die ein Gemüse- und Kräuterbeet von einer viel bespielten Fläche trennt.

Zu guter Letzt: Kosten/Wartung/Pflege

Alle Umgestaltungen müssen frühzeitig mit dem Träger der Einrichtung abgestimmt werden. Nur so kann auch die notwendige Unterstützung erwartet werden. Der Träger ist verantwortlich für den Betrieb der Einrichtung und muß deshlb zustimmen.

Wer kann helfen?

Bei der Finanzierung, Materialbeschaffung und Erstellung sind Eigeninitiative, Kreativität und Phantasie die eigentlichen Mittelgeber. Wer nicht als Einzelkämpfer loslegen will und damit riskiert, daß Projekte auf halbem Wege steckenbleiben, wird eine Arbeitsgruppe, bestehend aus Kolleginnen, Kollegen und Eltern, bilden. Die regelmäßige Elternarbeit ist eine große Hilfe – in materieller, organisatorischer und personeller Hinsicht. Eltern haben viele Kontakte, kennen günstige Bezugsquellen, sind handwerklich geschickt und manchmal froh, wenn sie ihr Know-How in der Kindertagesstätte zur Verfügung stellen können.

Kosten können gespart oder gesenkt werden durch Preisvergleiche, Rabattforderung, Anfertigen von Objekten durch einen Werkkundelehrer der benachbarten Schule (Rankgitter, Kletterspalier, Nistkästchen, Holzklötze abrunden für Sitzhocker u.ä.) und, immer wieder: Wiederverwendung von Altmaterial.

Was wird benötigt?

Anlegen eines Kräuterbeetes	Spaten, Grabforke, Abgrenzungsband, Holzpflöcke, evtl. Substrat (Muttererde), Kompost (Gartenamt), Sämereien
Anlegen eines Gemüsebeetes	dto. Sämereien, Pflanzen, Pflöcke
Anlegen eines Staudenbeetes	dto. Stauden durch Teilung im Herbst von Eltern, Nachbarn etc. kostenlos beziehen
Beeteinfassungen	Natursteine, Holzstämme, Steinplatten
Trockenholzbiotop an abgelegener Stelle	Spaten, Band, Pflöcke, Pfähle zum Eingraben (4 - 6), Holzstämme selbst sammeln oder Forst, Windbruch vom Gartenamt anliefern lassen
Steinhaufen als Biotop an abgelegener Stelle	Geräte zum Ausstecken, Pflöckchen, Band, Steine sammeln lassen
Anlegen von Spielhügeln auf dem Gelände	Zollstock, Maßband, Pflöckchen, Absteckband, Spaten, 1/3 Schnitt, 1/3 Füllboden, Anfuhr, evtl. Einsaat mit Gründünger oder Wildblumensaat
Sitzlandschaft aus dicken Naturstämmen	kleines Maßband, Pflöckchen, Absteckband, Zollstock, Grabforke, Spaten, Pfähle/Stämme mit mind. 30 cm Stammdurchmesser 1/3 der Länge eingraben, Höhe unterschiedlich von 30 cm bis 2,20 m; wenn Stämme geschält und geglättet werden, im Erdbereich ankohlen
Fassadenbegrünung	Brecheisen, Spaten, Grabforke, Aufnehmen von Betonverbundsteinen,

Betonplatten an der Hauswand,
Traufkante bestellen,
Bodenaustausch: Substrat einbringen,
evtl. Kompostzugabe

Sandspielkiste

Zollstock, kleines Maßband, Pflöckchen,
Band zum Abstecken.
Streifenfundament 60 cm tief legen und
mit alten Steinen oder Klinker verschie-
dener Farben aufmauern, zwei Einlässe
2 m breit vorsehen
Kosten: Bausand, Zement, Steine

Geräte für die Gartenarbeit

1 Grabegabel	2 Eimer
1 Grubber	1 Schubkarre
1 Spaten	1 Besen
1 Hacke	
2 Harken	evtl.
1 Schaufel	1 Heckenschere
5 Handgrubber	1 Baumsäge (klein)
5 Pflanzschaufeln	1 Klappmesser
2 Rosenscheren	
1 Pflanzschnur	
2 Gießkannen	

außerdem:
1 langer Wasserschlauch mit Absperrungsventil und Brause
1 Schlauchwagen
1 große Mörteltonne
2 große Plastikschüsseln
2 mittelgroße Plastikschüsseln

Anm.: Bei der Anschaffung der Gartengeräte sind Schulämter und Grünflächen-, Naturschutz- bzw.
Gartenämter behilflich. Wegen der hohen Dauerbeanspruchung sollte das Werkzeug nicht in
einem Discount-Markt gekauft werden, sondern Handwerkerqualität haben.

Wer kann angesprochen werden?
- Schulverwaltung
- die jeweiligen Naturschutz- und Grünflächenamter, bzw. -behörden.
- Gartenamt
- Forstamt
- Gesundheitsamt
- Eltern, evtl. Förderverein
- Grundstücksnachbarn
- Ortsgruppen der Naturschutzvereine und Umweltinitiativen (siehe geson-

derte Liste)
- örtliche Unternehmen, Vereine, Kleingärtner, Gärtnereien
- Herstellerfirmen von Artikeln (z.B. Baustoffgroßhandlungen)

Außerdem hilfreich
- Verkauf- und Sammelaktion in der Einrichtung selbst
- Teilnahme mit einem Infostand, den die Kinder selbst repräsentieren, auf Stadtteilfesten
- Zusammenarbeit mit benachbarten Einrichtungen, die ähnliche Projekte haben
- Erfahrungsaustausch

Wartung/Pflege

Wartung und Pflege sind die pädagogisch wertvollsten Elemente, die in einem umgestalteten Außengelände mit kleinen Kindern gemeinsam unternommen werden müßten. Kinder können lernen, daß die Außenfläche keine starre Möblierung darstellt, derer man sich bedient, sondern daß ständig etwas zu tun ist. Das tägliche/wöchentliche regelmäßige Entfernen von Müll (Plastikbecher, Dosen und anderer Unrat) muß mit ihnen gemeinsam getan werden und darf nie den ErzieherInnen allein überlassen bleiben. Das Rückschneiden, Anbinden, Herausnehmen, Reparieren, Wegesäubern etc. sollen Erwachsene zeigen, um die Kinder zu aktivieren. Daraus erwächst den Kindern soziale und räumliche Kompetenz.

In einem abwechslungsreich strukturierten Gebäude kann die Pflege einzelner Bereiche unter den Gruppen aufgeteilt sein.

Es gibt sicher aber Aufgaben, die weder von Erwachsenen noch von den Kindern übernommen werden können. Große Heckenpartien können genausowenig selbst zweimal im Jahr geschnitten werden wie das zweimalige Mähen einer größeren Blumenwiese oder das Ausschneiden von Totholz an großen Bäumen. Es ist eine Absprache mit dem Gartenamt notwendig, welche Pflegemaßnahmen vom Gartenamt durchgeführt werden sollen. Die Absprache sollte auch die Festlegung enthalten, ob die Kindertagesstätte das Schnittgut von Hecke, Wiese und Gehölzen zur Weiterverwendung auf dem Gelände behalten will oder ob es abgefahren werden soll. Wenn eine Rasenfläche als Spiel- und Liegewiese erhalten bleiben soll, die regelmäßig wöchentlich gemäht werden muß, empfiehlt sich die Anschaffung eines Handrasenmähers ohne Motor, so daß die älteren Kinder selbst Hand anlegen können.

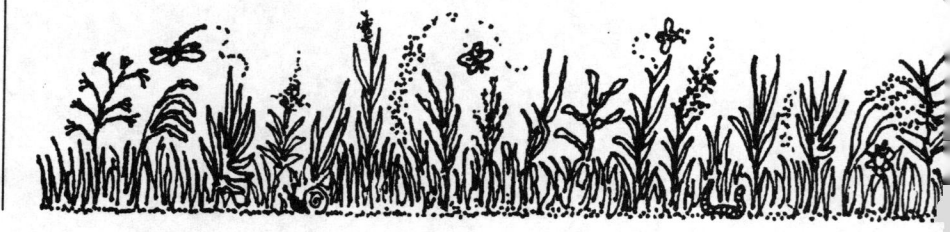

Planspiel 1:

Bestand (fiktive) Kindertagesstätte mit Außenanlage

Erläuterungsbericht:

Ein zweigeschossiges Haus in L-Form, Lego-Fenster und -Tür. Industriell gefertigte Grundstückseinfassung. Müllcontainerstellplatz mit Kanteneinfassung. Außenfläche besteht aus Hartbelägen.

Vegetation in mehreren Kübeln, einige Papierkörbe. Großer Sandspielbereich mit Sitzkante.

Möblierung der Fläche mit Mehrfachschaukel, Rutsche, zwei Wipptieren, Drehkarussell, Kletterreck (im Vordergrund).

93

Umgestaltung (fiktive) Kindertagesstätte mit Außenanlage

Erläuterungsbericht:

Dasselbe Haus und dieselbe Außenanlage wie in ‚Bestand'. Das Haus ist nicht Gegenstand der Umgestaltung. Die Fassadenbegrünung an einem Seilzug (rechts im Bild) deutet eine begrünte Wand im Anfangsstadium an. Möglichkeiten der Dachbegrünung (extensiv oder intensiv, je nach Dachlast) sind links auf dem Gebäude angedeutet. Die Grundstückseinfassung ist mit einem Holzzaun ausgeführt.

Auf dem Außengelände sind keinerlei Standardspielgeräte zu finden. Die gegliederte Spiellandschaft schafft selbst Anlässe für Kinder, sich spielend im Gelände zu bewegen.

Alle Partien des Geländes sind aus selbstinitiierten Projekten entstanden, die dem Gelände, nach mehrjähriger Bauzeit kleiner Parzellen, das jetzige Aussehen verleihen.

Der Hauptausgang auf die Freifläche wurde neu gestaltet: zwei Rankbögen (Metall oder Holz) begrenzen den mit Feldsteinen gepflasterten Vorplatz. In der Mitte steht ein niedriger Trinkbrunnen für die Kinder.

Rechts am Haus befindet sich eine Sitzecke mit hohen Pfählen auf einer Wiese. Die Pfähle haben Ringschrauben. An ihnen sind Wäscheleinen befestigt, an die Tücher, Lampions, Windspiele befestigt werden können. Ein Spielzelt findet ebenfalls am Mast Halt.

Eine grüne Hecke in der Mitte des Bildes grenzt den Innenraum zu den Seiten hin ab. Hier kann auf Findlingen und Bänken gesessen werden, eine Ecke ist für das Feuermachen vorgesehen; ein Obstbaum steht auf einer kleinen Wiese. Eine Gruppe hat ein rundes Sommerblumenbeet angelegt. Es ist mit Feldsteinen umlegt.

Angrenzend ein kleiner Wasserspielplatz mit einer Handpumpe. Der Wasserlauf ist aus Holz gebaut; er leitet das Wasser in einen kleinen Teich, der nur an der vorderen Flachwasserzone bespielbar ist.

Zwei Hügel (im vorderen Teil des Bildes) sind geschaffen worden, um dem Gelände Tiefenstruktur zu geben. Der linke ist begehbar – Holzschwellen leiten den Weg nach oben. Eine „Holzbank" lädt zum Sitzen ein. Der Hügel (rechts vorn im Bild) wird von der Vegetation beansprucht und ist nicht bespielbar.

Rechts vorn im Bild ist ein kleines Amphitheater aus Natursteinen zu sehen. Der Eingang ist als Rampe gebaut. Im Mittelpunkt der tiefsten Stelle sollte ein Sickerschacht sein, um Oberflächenwasser versickern zu lassen.

Naturstämme, senkrecht in den Boden eingebaut, grenzen Beete von Wegen ab, schaffen Sichtschutz, versperren den Durchgang. Wenn sie hoch genug sind, kann eine Hängematte dazwischengehängt werden.

Links oben im Bild ist aus fünf aufgeschütteten Hügeln eine Spiellandschaft entstanden. Sie liegt günstig zur linksseitigen Toreinfahrt, so daß eine Lieferung mit Füllboden und Substrat unproblematisch ist.

Auf dem Gelände wurden zehn neue Bäume gepflanzt; mehr als die Hälfte davon sind Obstbäume.

Planspiel 2:

Bestand Kindertagesstätte Frankfurt/M - Höchst

Erläuterungsbericht:

Die Kindertagesstätte ist ein eingeschossiger langgestreckter Bau, der mit seinem Außengelände direkt an eine stark befahrene Straße grenzt.
Obwohl das Außengelände mit rund 1.225 m² groß ist, wirkt es durch die Straßennähe kleiner und wird wegen des großen Lärms an der Straßenseite kaum intensiv genutzt. Der Baumbestand zur Straße (neun Linden) kann die durch den Autoverkehr auftretenden Abgase wegfiltern – sie dringen ungehindert durch den Maschenzaun auf die Spielfläche.

Die Spielgeräte (zumeist aus dunklen Holzbohlen) sind alt, sie stehen auf ebener Erde. Der Bodenbelag der Spielfläche besteht aus grauen Betonplatten und dunklen Fallschutzplatten. Die Tenne ist als Spielplatz wenig geeignet. Sie ist mit Schottersteinen durchsetzt, stark verfestigt und verdreckt (rußige Oberfläche durch Schadstoffe von der Straße). Die acht an der Straßenseite angebrachten Sprungpfosten werden nicht genutzt. Der Sandkasten ist mit einer Rutsche kombiniert – die Spielmöglichkeiten in der Sandkiste sind reduziert, wenn andere Kinder gleichzeitig rutschen.

Um den Kindergarten herum ist eine asphaltierte Fläche. Unter dem Asphalt, der nur wenige Zentimeter dick ist, befinden sich alte Pflastersteine.

Auf der „Rückseite", hinter dem Gebäude (im Bild unten), ist eine alte Gehölzpflanzung. Davor befindet sich ein Rasenstück. An einer Stelle wurden kleine Kräuter- und Gemüsebeete mit den Kindern angelegt. Ein kleiner Gartenschuppen wurde neu angeschafft.

Neben der Kindertagesstätte befindet sich eine Brachfläche von rund 580 m², auf der vor einiger Zeit eine ehemalige Wäscherei abgerissen wurde.

Da das Gelände unmittelbar an das Kindertagesstätten-Gelände anschließt und zur benachbarten Hospitalstraße geht, möchte die Kindertagesstätte die gut besonnte Freifläche integrieren.

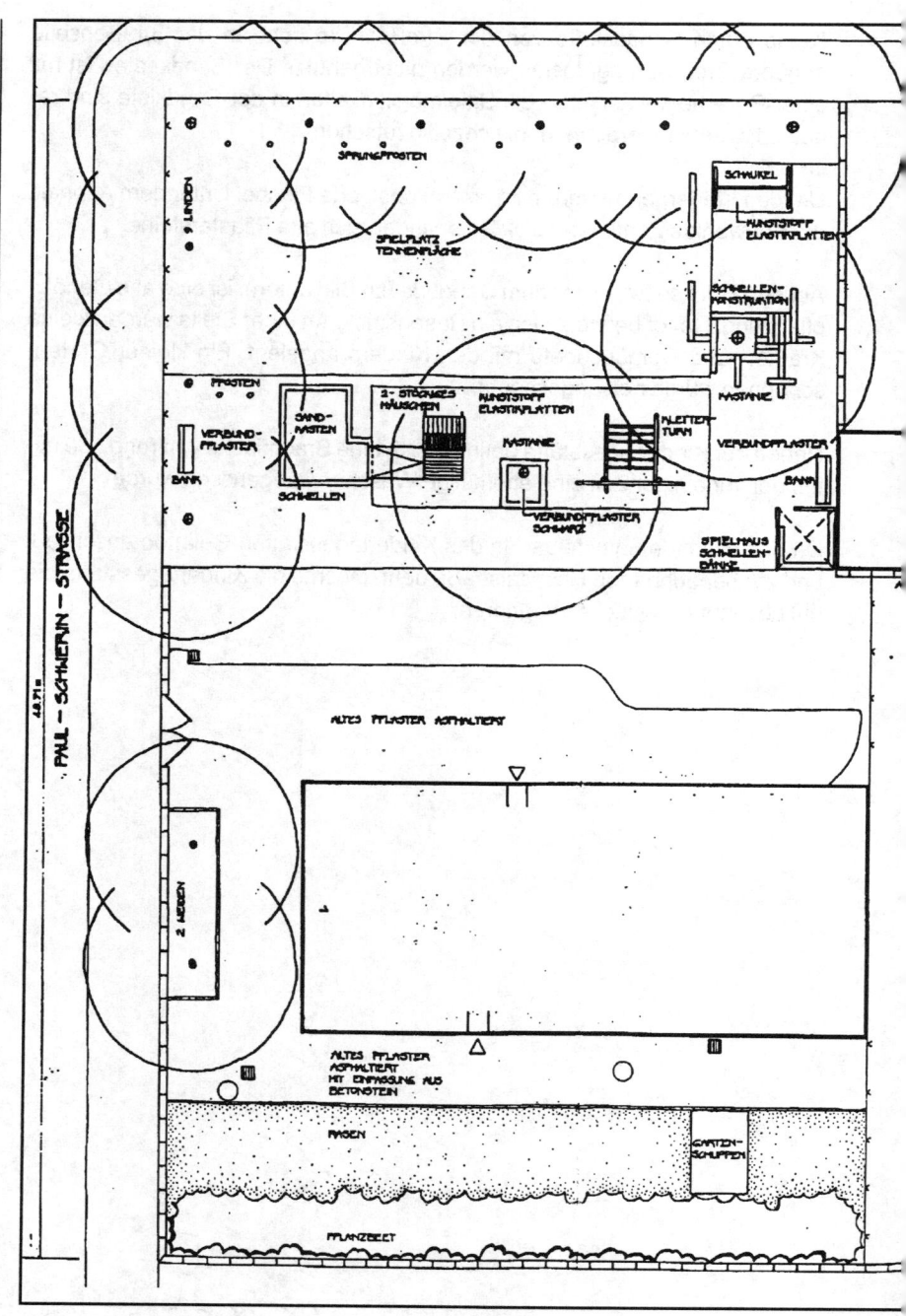

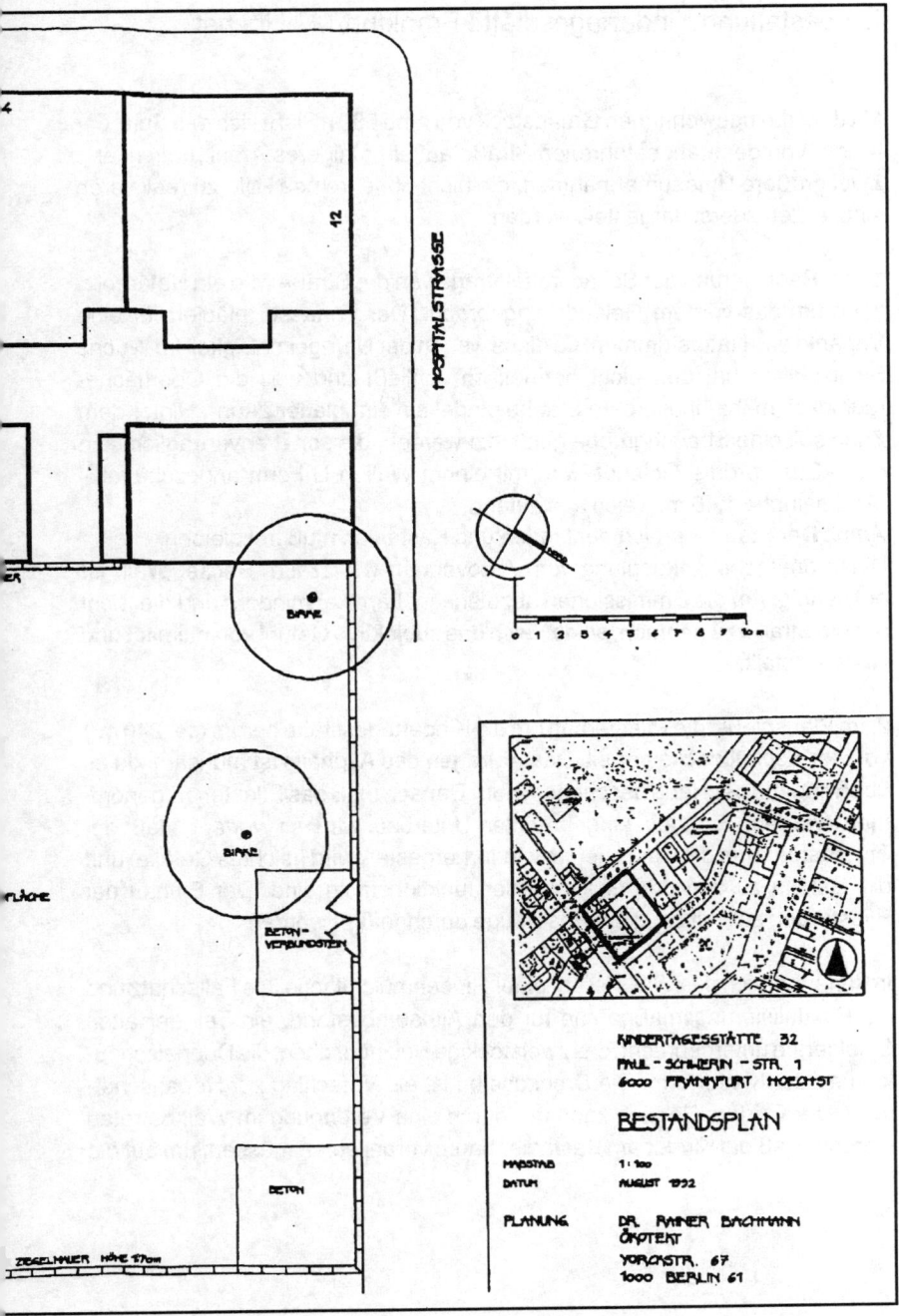

HOERTHLSTRASSE

12

BAHE

BAHE

FLÄCHE

BETON-
VERBUNDSTEIN

BETON

ZIEGELMAUER HÖHE 57cm

0 1 2 3 4 5 6 7 8 9 10 m

KINDERTAGESSTÄTTE 32
PAUL - SCHWERIN - STR. 1
6000 FRANKFURT HOECHST

BESTANDSPLAN

MASSTAB   1 : 100
DATUM   AUGUST 1992

PLANUNG   DR. RAINER BACHMANN
               ÖKOTEKT
               YORCKSTR. 67
               1000 BERLIN 61

101

Umgestaltung Kindertagesstätte Frankfurt/M - Höchst

Mit dem dazugewonnenen Grundstück von rund 580 m² läßt sich das Spiel der Kinder von der stark befahrenen Straße auf ein ruhigeres Areal „umlenken". Zwei größere Umbaumaßnahmen, die nicht ohne fremde Hilfe zu realisieren sind, sollen zuerst dargestellt werden.

1. Zur Reduzierung der Schadstoffeinträge von der Straße wird ein Naturholzzaun um das vordere Gelände angebracht. Der Verfasser plädiert für eine Variante aus Naturstämmen, da diese wegen der Unregelmäßigkeit im Wuchs Sichtschlitze hat und nicht hermetisch schließt und weil die Oberflächerauhigkeit mehr inhalierbare Stäube bindet als ein „glatter Zaun". Hinter dem Zaun soll eine Strauchgruppe gepflanzt werden, die schattenverträglich sein muß. Das vordere Gelände wird mit einem Wall in U-Form angeschüttet – Maximalhöhe 1,40 m, weich auslaufend.
Anm.: Der Stammbereich der Linden und Kastanien muß frei bleiben.
Diese dreifache Abkopplung vom Autoverkehr (Holzzaun, Hecke, Wall) ist notwendig, um die Emmissionen abzulenken, Lärm zu mindern und die Sicht auf die Straße zu nehmen, so daß sich das subjektive Gefühl von Intimität und Ruhe einstellt.

2. Im Planspiel ist die Pflasterung um die Kindertagesstätte herum (ca. 240 m²) von der Asphaltdecke befreit. Das Abtragen des Asphalts ist mühsam, da es überwiegend per Hand geschehen muß. Danach muß das Pflaster aufgenommen werden. Ein neu eingebrachter Unterbau wird so verlegt, daß der Traufbereich um das Haus herum wiederhergestellt wird (leichtes Gefälle) und die Gefälle zu den drei Gullis wieder funktionsfähig sind. Der Einbau der Pflasterung soll mit ca. 3 cm Rasenfuge durchgeführt werden.

Im Innenbereich des Walls ist auf einer Rindenmulchfläche, als Fallschutz und als Revitalisierungsmaßnahme für den Altbaumbestand, ein Teil der alten Spielgeräte untergebracht: das zweistöckige Holzhäuschen, die Doppelschaukel und der Kletterturm. Die Drehscheibe ist ein Vorschlag zur Neuanschaffung. Der vordere Bereich kann nur durch eine Verengung im Wall betreten werden. Daß die Kinder am Kastanienbaum vorbeilaufen müssen, um auf die

Fläche zu kommen, ist gestaltendes Element, da die restlichen Bäume nicht mehr in begreifbarer Nähe sind.

Das Spielhaus bleibt an der alten Stelle. Dem Spielhaus vorgelagert wird eine Sandspielanlage an sonniger Stelle. Die Einfassung der Sandkiste weicht von den üblichen Normen ab: Sie ist aufgemauert mit mehrfarbigen (!) Klinkersteinen, hat variable Höhen und Breiten und einen mindestens zwei Meter breiten abgesenkten Einlaß zur Pflasterfläche hin.

Der ehemalige Kita-Eingangsbereich bekommt an der Gebäudeecke eine große Holzpergola mit Pflanzbeet. Damit ist die Sicht von der Straße her wirksam unterbrochen. Der dadurch entstehende Sitzplatz vor dem Haus wird auf der Seite zur Straße hin von einer niedrigen Hecke mit einem Pflanzschutzzaun eingefaßt.

Im Bereich hinter dem Haus werden die Gemüse- und Kräuterbeete auf dem ehemaligen Rasenstück angelegt. Ein Torbogen aus Holz (für Kletterrosen) markiert den Übergang zur ehemaligen Brachfläche.

Diese wird mit überwiegend „weichen" Materialien ausgestattet. Kriechtunnel und Iglu aus Weidenruten sind zu nennen, Sitzhocker aus dicken Naturstämmen, ein kleiner Spielhügel mit der alten Rutsche und den wiederverwendeten Holzbohlen.

Die auf dem Gebäude in der unteren Ecke befindliche Betonplatte wird mit den ehemaligen Sprungpfosten eingegrenzt. Sie geben dem Totholzbiotop Halt. In der Ecke befindet sich der Steinhaufen. Ein eßbarer Zaun aus verschiedenen Johannisbeersorten setzt den Garten thematisch fort. Fünf verpflanzte Bäume sollen Obstbäume sein.

Der Vorschlag, die vorhandene Einfahrt mit Betonverbundstein als neue Feuerwehrauffahrt zu nutzen, wird gestalterisch fortgesetzt. Die alten Betonplatten vom Spielgelände werden für einen geschwungenen Weg durch das Gelände verbaut. Damit die Feuerwehrauffahrt nicht einsehbar ist, wird eine Hecke (mit zwei Durchlässen) mit einem Pflanzschutzzaun auf der linken Seite eingebaut.

Die Brachfläche bekommt eine Ballspielwiese. Die Hauswand wird nur an den Außenecken begrünt – der Rest bleibt als Ballspielwand frei. Die Möglichkeit, gemauerte Zäune und Hauswände mit verschiedenen Rank- und Kletterpflanzen zu begrünen, soll intensiv genutzt werden.

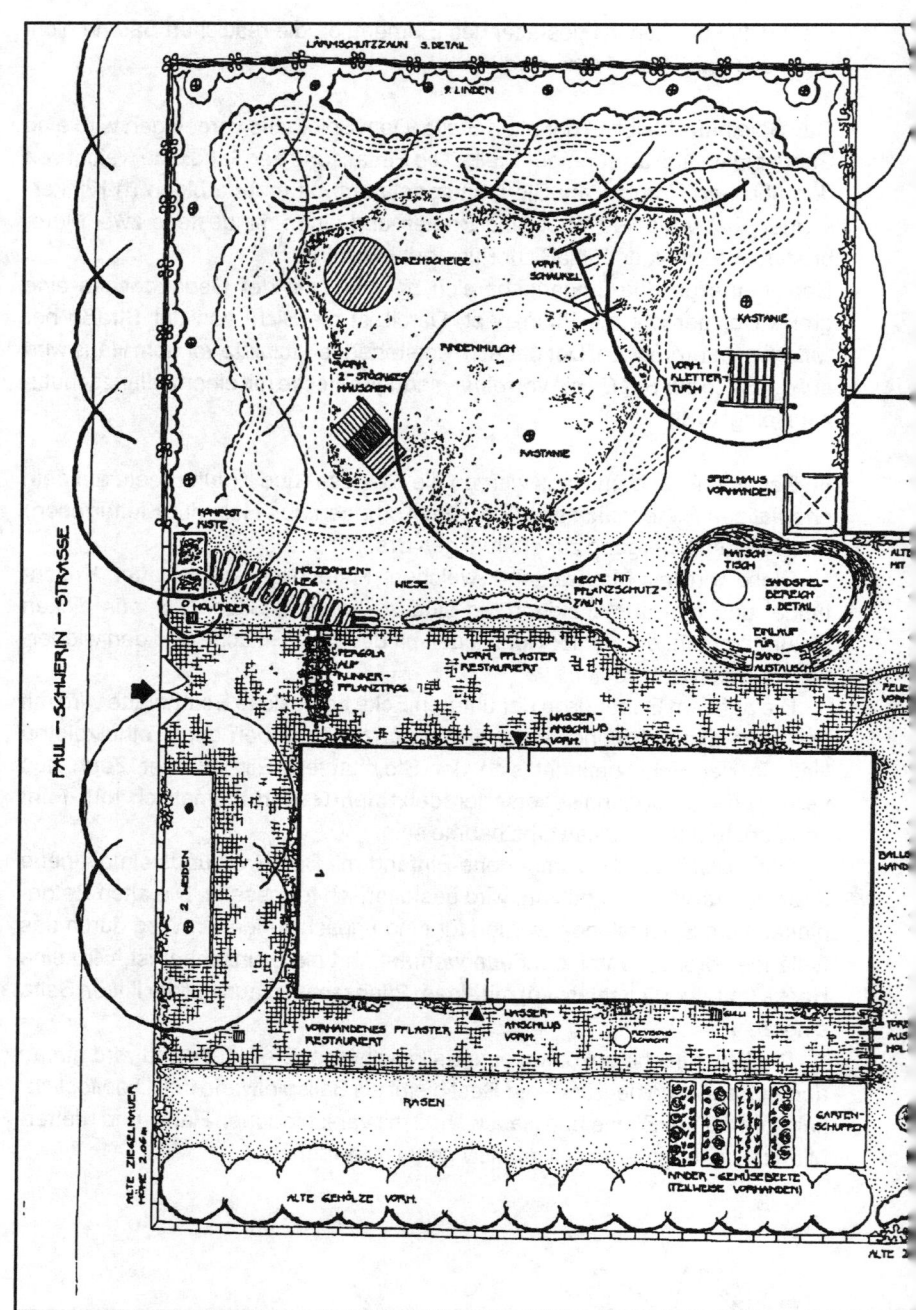

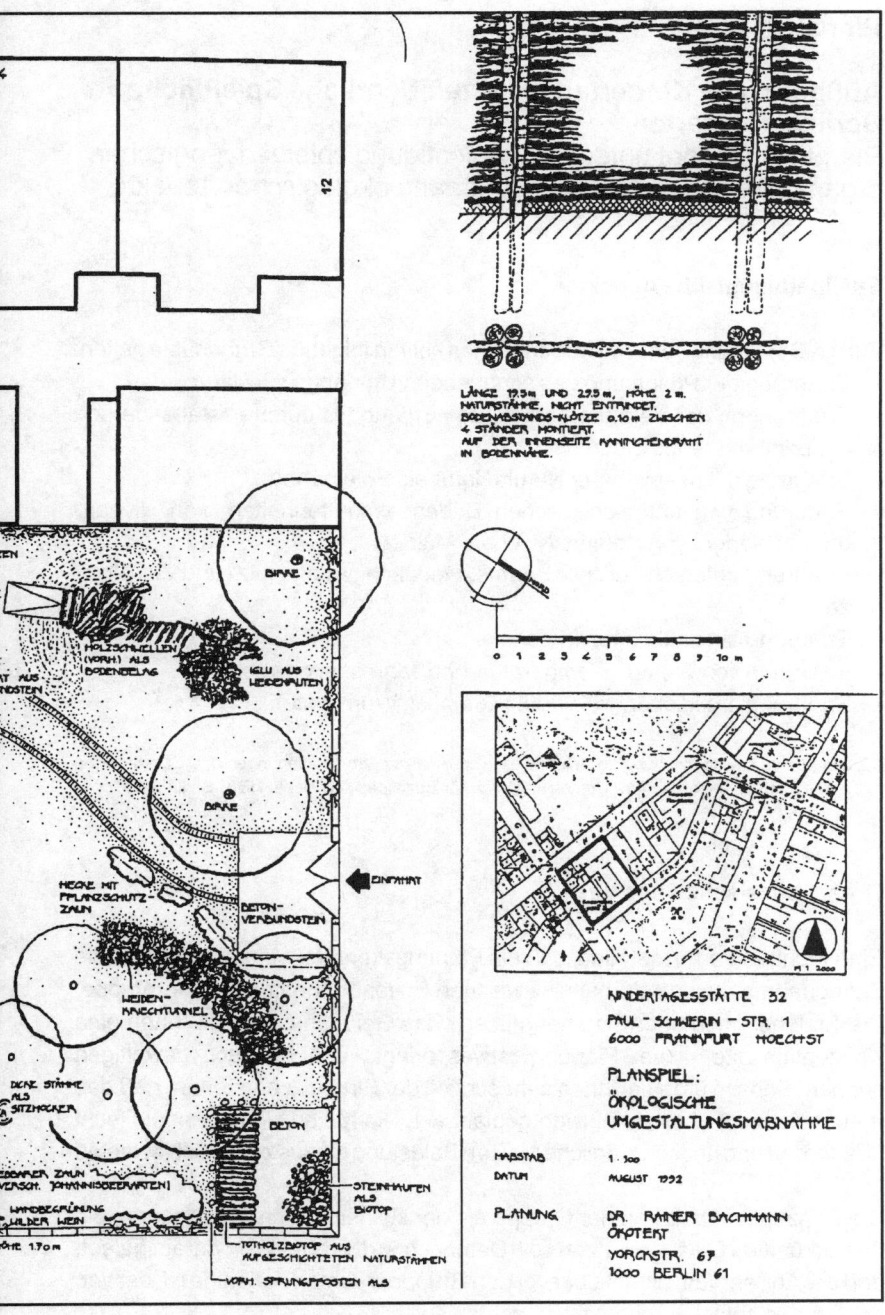

LÄNGE 17.5m UND 27.5 m, HÖHE 2 m.
NATURSTÄMME, NICHT ENTRINDET.
BODENABSTANDS-KLÖTZE 0.10 m ZWISCHEN
4 STÄNDER MONTIERT.
AUF DER INNENSEITE KANINCHENDRAHT
IN BODENNÄHE.

0 1 2 3 4 5 6 7 8 9 10 m

KINDERTAGESSTÄTTE 32
PAUL - SCHWERIN - STR. 1
6000 FRANKFURT HOECHST

PLANSPIEL:
ÖKOLOGISCHE
UMGESTALTUNGSMAßNAHME

MAßSTAB   1 : 100
DATUM   AUGUST 1992

PLANUNG   DR. RAINER BACHMANN
               ÖKOTEKT
               YORCKSTR. 67
               1000 BERLIN 61

Planspiel 3

Außenanlage Kindertagesstätte/öffentliche Spielfläche Berlin - Tiergarten
Planungskonzept unter Berücksichtigung spielpädagogischer, organisatorischer, gestalterischer und ökologischer Aspekte

Spielpädagogische Aspekte:

Für die Gestaltung von Kita-Außenflächen sollten folgende Grundsätze gelten:
- Erfahrung der Pflege und des schonenden Umgangs mit Natur
- Erfahrungen der Veränderbarkeit, des Erkundens durch gestaltende und experimentierende Eingriffe
- Erfahrung mit bespielbarer Natur (Natur als Spielpartner)
- Erfahrung von unterschiedlichen Bodenbeschaffenheiten, von Niveau-unterschieden, von Höhlen, Nischen, Mulden
- Erfahrung unterschiedlicher Bäume, Gebüsch, Wild-, Nutz- und Zierpflanzen
- Erfahrung mit natürlichen Materialien
- Erfahrung von Wetter-, Temperatur- und Jahreszeitenwechsel
- Erfahrung natürlicher Kreisläufe (Kompost, Wurmkiste).[1]

1 Zitiert nach: Umwelterziehung im Vorschulbereich. Analyse ihrer Bedingungen und Erfordernisse sowie Empfehlungen für ihre Umsetzung. Inst. für Sozialpäd. TU Berlin UBA, Berlin, 1988.

Organisatorische Aspekte:

Eine wichtige Voraussetzung, daß ein Planungskonzept wirksam greift, ist die Bezugnahme auf das Verhältnis zwischen ErzieherInnen und Kindergruppe. Die Erzieherinnen oder Erzieher müssen das Gefühl haben, daß ihnen eine Konzeption alternativer Planung „etwas bringt", das sie auch bewältigen können. Sonst würde bei ihnen sehr schnell der Eindruck entstehen, daß das „neue" Konzept über sie hinweg geplant sei. Sie fühlen sich dann zu Recht überfordert und über das tägliche Maß an Belastung hinaus zusätzlich belastet.

Die Konzeption muß von der Gruppe als der kleinsten Einheit ausgehen, die das zukünftige Gelände nutzen soll. Demnach wird großer Wert darauf gelegt, daß der Außenraum unmittelbar vor den Gruppenräumen derjenige ist, der von der Gruppe selbst durchgestaltet werden sollte.
Er hat 60 - 100 m² Fläche und ist unversiegelt. Von diesem autonomen Raum aus lassen sich dann weitere „Erkundungen" ins Gelände durchführen, kehren jedoch immer wieder zu dem Raum vor der eigenen Tür zurück. Dieser Raum ist von jedem Erzieher oder jeder Erzieherin selbst mit der Gruppe zu beleben. Hier kann gepflanzt und geerntet werden, hier kann man draußen sitzen oder einfach nur schauen. Das Gelände weiter draußen hat demgegenüber eine andere Qualität.

Die organisatorische Trennung in mehrere Bereiche erscheint wichtig: Eltern und andere Erwachsene, die täglich die Kinder bringen und abholen, brauchen ebenfalls mehr Raum als nur einen engen Korridor. Für sie ist der „Vorplatz" wichtig. Hier kann, von der Straße kommend, ohne Treppe, Schwelle, Abgrenzung auf breitem „Vorplatz" das stattfinden, was sonst nur flüchtige Begegnung wäre. Die gepflasterte Fläche mit dem Solitärbaum ist von der Charakteristik her „betwixt", wie die Engländer sagen, das meint: weder richtig draußen und noch nicht drinnen, nicht formal anwesend, sondern informell präsent. Ein kleines Gespräch unter Erwachsenen, das lange dauern kann, ist hier eher möglich als in einem Flur, in dem man eher den Eindruck gewinnt, daß man stört.

Die kleinste mögliche Versiegelung auf der Freifläche dient der Sicherstellung der Ver- und Entsorgung der Sand- und Rindenmulchflächen durch das Gartenbauamt. Diese Klinkerfläche soll aber so organisiert sein, daß die Wegeführung keine gleiche Breite hat, sondern sich verengt und erweitert. Jede Organisation als Versorgungsbahn soll vermieden werden.

Die Sandbereiche sind strikt in zwei Teilstücke zergliedert, so daß Nutzungsfunktionen nicht vermischt werden. Die Wasserstelle läßt ein anderes Spielen zu als in der großen Sandkiste am Amphitheater. Die einheitliche Ausgestaltung der großen Bewegungsfläche mit Rindenmulch als Untergrund greift auf die positiven Erfahrungen zurück, die man mit geschreddertem Holz gemacht hat. Bakteriologisch unbedenklicher als Sand, ist dem Rindenmulch auch deswegen der Vorzug zu geben, weil er nur alle drei - fünf Jahre entsorgt werden muß und das haptische Empfinden von Kinderfüßen auf einem federnden Belag auch förderlich ist für eine kindgerechte Ausreifung des gesamten Knochensystems.

Der Entwurf macht den Versuch, Spielgeräte dort zu eliminieren, wo Natur selbst zum Spielgegenstand werden kann. Statt eines flachen Geländes mit aufgestellten Rutschen sollen hier Spielhügel vertikale Bewegungsmuster ermöglichen. Der „Tunnel" entsteht da, wo die Brücke zwei Hügel verbindet, und das Wichtigste: Der Ausgang des Tunnels endet im ungewissen Dickicht.

Eine große Zone mit durchgestaltetem Dickicht befindet sich an der Straßenseite – sie ist vom Bewegungsbereich getrennt und bietet eher die kontemplative Seite des Spiels an: Im Pavillon kann man in Grüppchen sitzen und spielen oder zusehen, auf den Holzstegen kann man sitzend ins Gebüsch starren oder sich verstecken. Die „Spitze" des Geländes ist geöffnet: Die Pforte wird mit einer runden Pergolaform gekrönt, der Platz ist zurückgezogen vom Rest-Bereich. Hier kann man sitzen und schauen. Der Ausblick ist um 60 cm erhaben, er ist durch eine besitzbare Pergola gerahmt und durch Granitschwellen vom Rindenmulchbereich getrennt.

Gestalterische Aspekte:

Erwachsene fühlen sich in 100 m langen Fußgängeruntertunnelungen ebenso unwohl wie beim Durchqueren von langen kunstlichtbestrahlten Korridoren, die den Blick bis zum Horizont freigeben. Dasselbe gilt auf ungestalteten Plätzen draußen. Die tristen kahlen Pausenhöfe an unseren Schulen sprechen beredte Bände.

Bei der Gestaltung der Platzsituation ist versucht worden, alle Situationen räumlich kleinteilig zu begreifen. Der Ausblick aus dem Gruppenraum gibt den Blick frei auf die Freifläche vor dem Fenster und wird gehalten durch eine hohe Pergolaform, die dahinter den Rest der Spiellandschaft erahnen läßt.

In der „Spitze" des Grundstücks ist dasselbe gestaltet worden: Man betritt das Gelände durch einen Rahmen und schaut von diesem Areal wiederum durch Pergolabögen auf das andere Areal. Raumtiefe entsteht auch durch die Einbeziehung der Hügel in Spielfunktionen: Mal sind sie halb versteckt hinter der hölzernen Brüstung des Amphitheaters, mal sind sie angedeutet durch eine Brücke, die allerdings durch die Bepflanzung mehr andeutet als zeigt. An vielen Stellen ahnt man die Grundstücksgrenze, sieht sie aber nicht wirklich, weil sie durch Bäume und Büsche verdeckt wird.

Im Vorplatz gibt das Doppeltor den Blick für den Erwachsenen zwar frei, die Mauereinfriedung selbst verhüllt aber das Gelände mehr, als daß richtige Einblicke möglich sind.

Die gestalterischen Elemente auf der Rindenmulchfläche sind sehr einfach nachvollziehbar: In der Nähe der Sandkiste sind diejenigen Geräte aufgestellt, die die Kleinsten am liebsten bedienen und die noch nicht so bewegungs-intensiv sind. Das große Spielhaus mit zwei Rutschen, Kletter-seilen etc. ist so plaziert, daß alle Bewegungsabläufe möglich sind, ohne sich gegenseitig zu stören. Die solitär aufgestellte Doppelschaukel mit dem höchsten Platzbedarf steht am hintersten Ende, so daß kein Kind durch oder hinter das Gerät laufen muß, um dort zu spielen.

Ökologische Aspekte

Der hintere Bereich nördlich des Grundstückes wird mit einer variantenreichen Form eines Feldgehölzes bepflanzt, die sehr sorgfältig erarbeitet werden muß, um den Nutzungsansprüchen zu genügen.

Pflanzbereiche, wie beim Pavillon, sind groß anzulegen und zu verdichten, so daß mikroklimatische Effekte erzielt werden können.

Die Aufteilung der Gesamtfläche in verschiedene Bereiche wird u. a. durch vertikale Gestaltung gelöst. Pergolen u.a. sind gute Möglichkeiten, den Grün-bestand durch Berankung zu erhöhen. Ebenso stellen Hügel eine Vergröße-rung der knappen Gesamtfläche dar.

Auf Versiegelung ist, soweit vertretbar, verzichten. Wasserdurchlässige Belä-ge sind vielfältig zu gestalten, um auch mikroklimatisch verschiedene Prozesse anzuregen.

Eine Verschattung bzw. Teilverschattung der Flächen muß ökologisch sinnvoll sein.

Die Außenraumgestaltung kennt keinen Rasen im üblichen Sinne. Zwar gibt es einen Bereich (Feuerwehrauffahrt), der mit Wildrasen ausgestattet ist und auf dem Kinder bäuchlings im Gras liegen können, dieser Bereich ist jedoch von den Gruppen selber zu pflegen. Es bleibt der Gruppe überlassen, ob sie kurzgeschorenen Rasen präferiert oder ob eine Wildwiese entsteht.

Ökologisch ist es, wenn Pflege und Wartung auf ein Minimum reduziert werden. Wenn das Gartenamt keinen Rasen mähen muß, dann fällt in Zukunft nur wenig Arbeit an. Selbst Baum- und Astabschnitte sollen nicht mehr mit dem Pkw abgeholt und durch den Bezirk gefahren werden, sondern auf dem Gelände verbleiben. Es werden nicht nur Transportkosten gespart, sondern darüber hinaus werden die auf dem Boden abgelegten Äste, Stämme, Blätter etc. als Nistmaterial für Vögel und als Baumaterial von den Kindern gebraucht.

Aus ökologischen Gründen wird als Einzäunung eine gemauerte Einfassung gefordert. Sichtschutz für spielende Kinder ist nur ein Grund, der andere ist ebenso wichtig: Alle auf der Straße erzeugten Monoxide bleiben „außen vor", Wind kann nicht eindringen, Lärm wird subjektiv gemildert erlebbar und hinter der Mauer (die im übrigen nicht höher als 1,20 m sein muß) können sich im Windschatten gute Krautschichten und Büsche entwickeln, die für das Versteckspiel der Kinder wiederum wichtig sind.

Erläuterungen zur zeichnerischen Darstellung

I   Bereich der Kita-Gruppen
    pro Gruppe ca. 60 - 70 m² Außenfläche, die nach eigenen Vorstellungen selbst weitergestaltet werden kann
II allgemeiner Spielbereich für die Kita und nachmittags für Jugendliche und Kinder
III Eingangsbereich, im spitzen Winkel Sitzecken ohne Spielgeräte
IV Vorplatz
    Eingangsbereich für Kita

I   Kita-Gruppen-Bereich
    1) Kompostecke   }
        Wurmkiste   }
        Totholzbiotop   }   im schattigen Bereich des Gebäudes
        Steinhaufen   }
        Holunder   }
    2) Hinterer Platz
        Pflasterung mit Reihensteinen aus Granit, Granitplatten unterschiedlicher Größe, Fugen mindestens 1 cm (Rasenfuge!)
    3) Feuerwehrauffahrt
        3,50 m breit
        Radstand mit Reihensteinen, aus Granit gesetzt, mit Rasenfuge, zwischen den Radständen Wildrasen
    4) Bereich der eigenen Gestaltung um Pergolen
        – eßbare Zäune (z. B. Johannisbeeren)
        – Duftbeete
        – Kletterpflanzen
        – Gemüse

109

- Kräuter
- kein Rasen (!), sondern offener Boden mit Spontanvegetation oder Wildwiese
5) Unterhalb der Kita-Gruppenräume Möglichkeiten der Selbstgestaltung
- Frühbeet
- Stauden/ Frühblüher
- Kräuter
- Sitzmöglichkeit
6) Pergola
heimisches Lärchenholz

II Allgemeiner Spielbereich
7) aufgeschüttete Hügel mit unterschiedlicher Höhe und Volumen, die zur Grundstücksgrenze hin auslaufen
8) Sandbereich
in den ersten Hügel hineingebautes Amphitheater aus Holz mit drei Sitzrampen und Rücklehne, Zeltdach spannt sich teilweise über die Sandkiste mit umlaufendem Backtisch (leichte Verschattung bzw. Regenschutz), Holz: heimische Lärche, biologisch geölt, im Erdbereich mit Buchenpech behandelt; keine Betonfüße
Abgrenzung ein ca. 50 cm tiefer Wulst aus Klinkersteinen, die plastisch verarbeitet werden, so daß sie, bei unterschiedlicher Höhe von 20 - 80 cm, gleichzeitig als Sitzgelegenheit dienen. Der Sand bleibt so im Rondell (!).
9) Wasserspiel mit einer Pumpe, die von Kindern bedient werden muß, Untergrund Sand mit Drainage, Einfassung wie 8)
10) Brücke aus Holz (ca. 4 m lang), die beide Hügel verbindet. Unter der Brücke ist eine „Schlucht" von 1,20 m Tiefe.
11) großer Spielbereich mit Rindenmulchabdeckung, auf dem viele Bewegungsspiele stattfinden.
Wippe, großes Holzhaus mit Rampen, Kletterwand, Sprossenleitern und zwei Rutschen in gegenläufige Richtungen, drei Wackeltiere aus Holz, eine Doppelschaukel
12) großer Bewegungsbereich
Pflasterung: Klinker mit Wulsteinfassung
Verbindung von zwei Eingängen: Eingang Feuerwehrbereich, Zugang zu den Sandbereichen, um Entsorgung zu sichern,
offener Platz für Spiele mit Pedalo, Springseilen, Bollerwagen, Dreirädern, Rollern, Hüpfspiele…
13) „Spieldickicht"
Auf einem linsenförmig erhabenen Gelände befindet sich ein sechseckiger Holzpavillon mitten in einem dicht bepflanzten Dickicht von Büschen und Sträuchern sowie vier größeren Bäumen.
Der Pavillon ist an drei (!) Seiten offen. Drei Wege führen zu ihm: ein kleiner Treppenabsatz aus Granitschwellen und zwei Bohlenwege aus Lärchenholz.
14) Feldgehölz-Bepflanzung am nördlichen Teil des Grundstücks
Analog den Traditionen alter englischer Knicks oder norddeutscher

Wälle werden hier verschiedene heimische Sträucher und Bäume gesetzt. Diese Bepflanzungsart ist robust und braucht außer Rückschnitt kaum Pflege.

III Eingangsbereich im spitzen Winkel

Ein Holztor mit Pergolarundbogen öffnet sich zur Straße. Auf drei Treppenstufen kommt man hinein. Der Bereich ist um ca. 60 cm aufgeschüttet und mit Rasen versehen. Der Bereich (nur 6 m lang) ist sehr intim und lädt zum Sitzen ein. Außer Rankspalieren an den Innenseiten der Mauern gibt es keine weiteren Pflanzen.

Der Bereich schließt mit derselben Pergolaform wie im Eingangsbereich ab, zwischen den Pergolapfosten sind noch einmal ausreichend Sitzmöglichkeiten. Der Bereich geht in drei Granitschwellen in den Spielbereich über.

IV Vorplatz

Eingangsbereich Kita

Der Zugangsbereich ist weit geöffnet zum Gebäude und zur Straße. Die Rundung der Mauer zum Spielbereich wiederholt die Rundung des Turmes. In der Mitte steht ein Solitärbaum; der Baum hat eine runde Metall-Baumscheibe.

Der Eingangsbereich geht ohne Stufe oder Trennung in den Straßenbereich über.

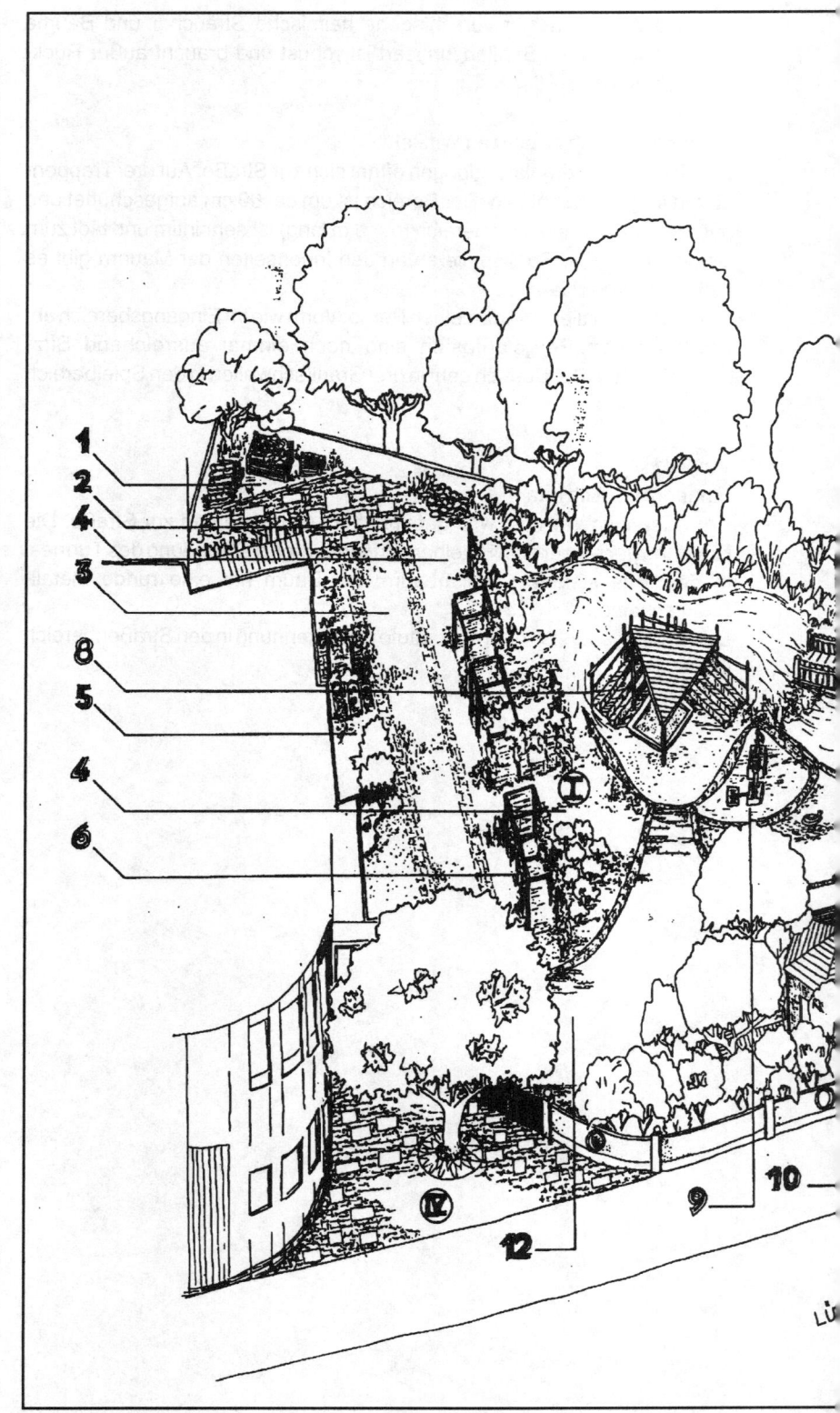

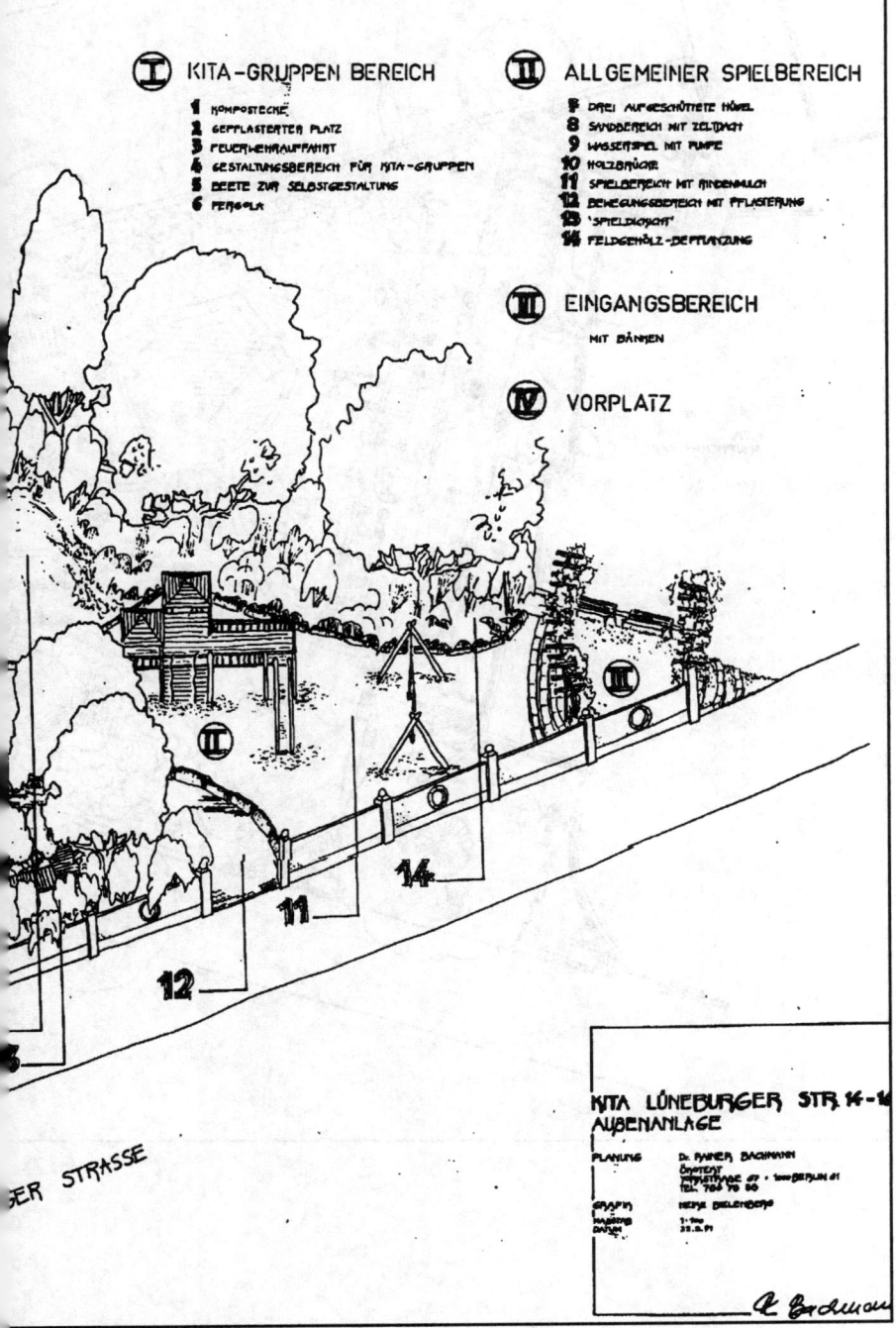

Ⓘ KITA-GRUPPEN BEREICH

1 KOMPOSTECKE
2 GEPFLASTERTER PLATZ
3 FEUERWEHRAUFFAHRT
4 GESTALTUNGSBEREICH FÜR KITA-GRUPPEN
5 BEETE ZUR SELBSTGESTALTUNG
6 PERGOLA

Ⓘ ALLGEMEINER SPIELBEREICH

7 DREI AUFGESCHÜTTETE HÜGEL
8 SANDBEREICH MIT ZELTDACH
9 WASSERSPIEL MIT PUMPE
10 HOLZBRÜCKE
11 SPIELBEREICH MIT RINDENMULCH
12 BEWEGUNGSBEREICH MIT PFLASTERUNG
13 'SPIELDICKICHT'
14 FELDGEHÖLZ-BEPFLANZUNG

Ⓘ EINGANGSBEREICH

MIT BÄNKEN

Ⓘ VORPLATZ

14

11

12

ER STRASSE

KITA LÜNEBURGER STR. 14-16
AUßENANLAGE

PLANUNG   Dr. RAINER BACHMANN
           ÖKOTEST
           HAUPTSTRAße 67 · 1000 BERLIN 61
           TEL. 785 70 00

GRAPHIK   HEINZ EHLENBERG
MAßSTAB   1 : 100
DATUM   22.2.91

A. Bachmann

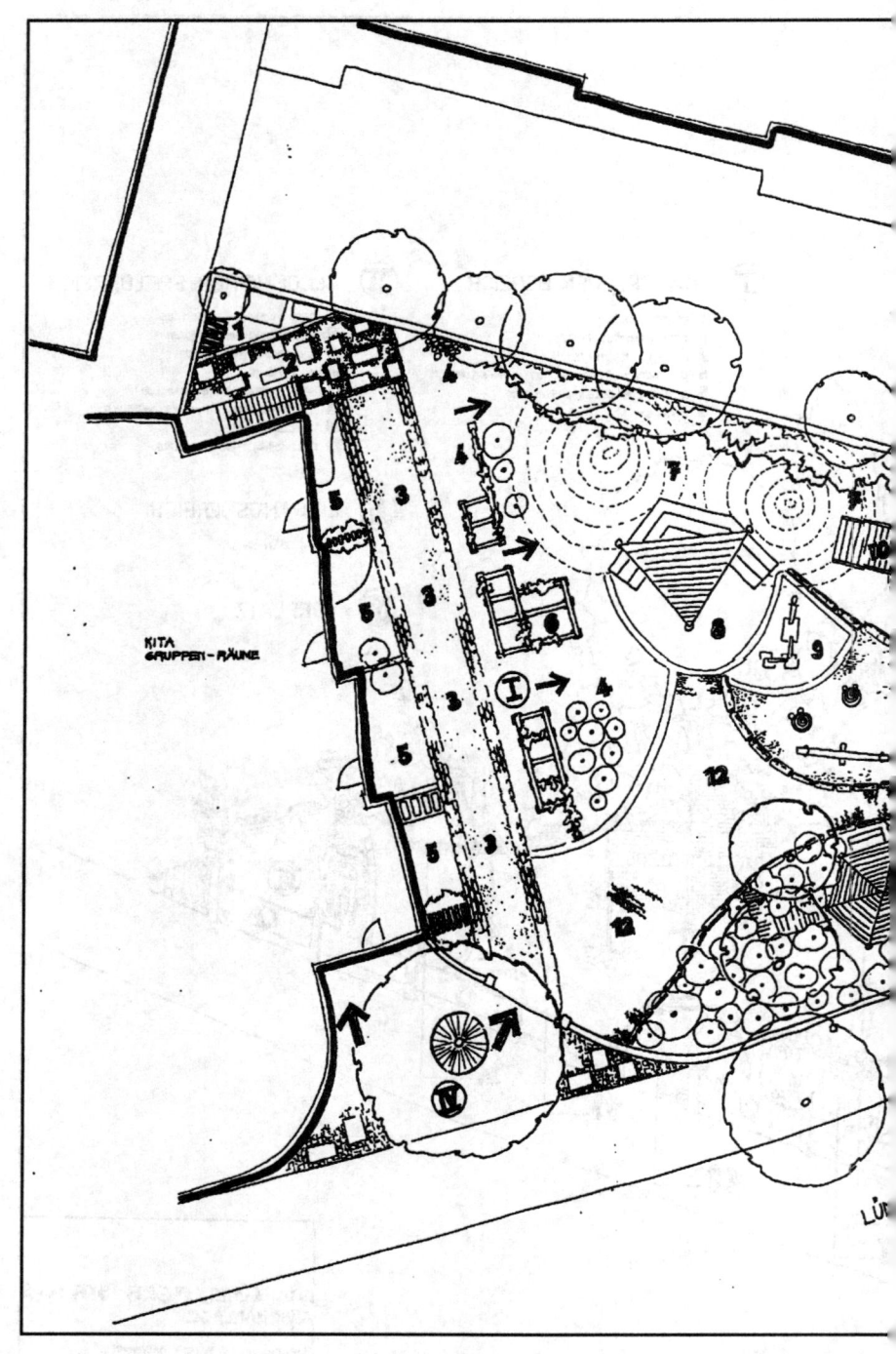

KITA
GRUPPEN-RÄUME

114

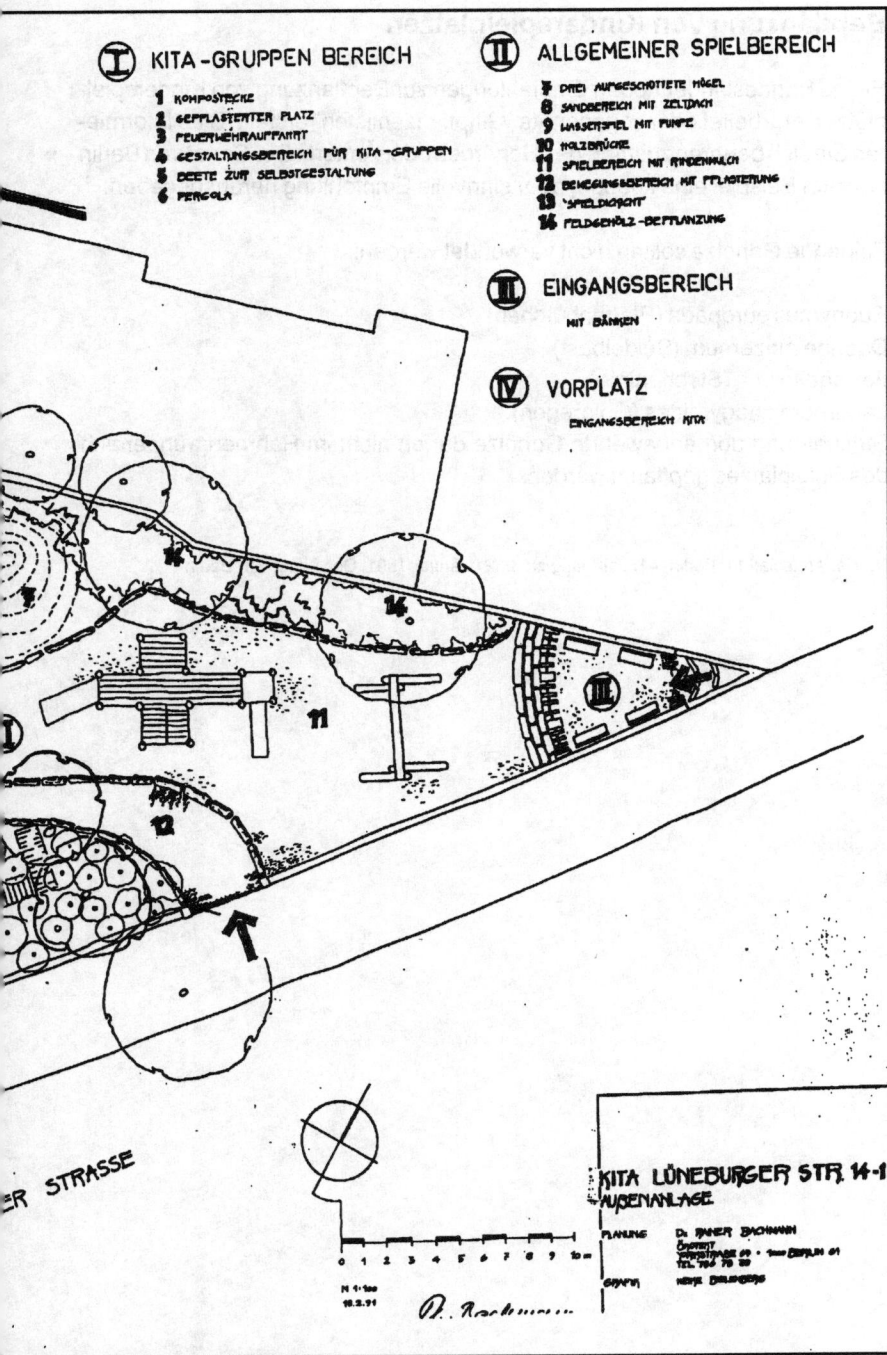

Ⓘ KITA-GRUPPEN BEREICH

1 KOMPOSTECKE
2 GEPFLASTERTER PLATZ
3 FEUERWEHRAUFFAHRT
4 GESTALTUNGSBEREICH FÜR KITA-GRUPPEN
5 BEETE ZUR SELBSTGESTALTUNG
6 PERGOLA

Ⓜ ALLGEMEINER SPIELBEREICH

7 DREI AUFGESCHÜTTETE HÜGEL
8 SANDBEREICH MIT ZELTDACH
9 WASSERSPIEL MIT PUMPE
10 HOLZBRÜCKE
11 SPIELBEREICH MIT RINDENMULCH
12 BEWEGUNGSBEREICH MIT PFLASTERUNG
13 "SPIELDICHT"
14 FELDGEHÖLZ-BEPFLANZUNG

Ⅲ EINGANGSBEREICH

MIT BÄNKEN

Ⅳ VORPLATZ

EINGANGSBEREICH KITA

ER STRASSE

KITA LÜNEBURGER STR. 14-16
AUSSENANLAGE

PLANUNG   Dr. RAINER BACHMANN
           GARTEN
           INSELSTRASSE 49 · 1000 BERLIN 61
           TEL. 700 70 00
GRAFIK   HEINZ DREUBERG

M 1:200
10.2.91

115

Bepflanzung von Kinderspielplätzen

Einige Bundesländer haben Empfehlungen zur Bepflanzung von Kinderspielplätzen erarbeitet oder sogenannte „Giftpflanzenlisten" erstellt. Bitte informie-
ren Sie sich bei ihren zuständigen Behörden oder Ämtern. Der Senat von Berlin
hat zum Beispiel eine knappe, aber sinnvolle Empfehlung herausgegeben:

Folgende Gehölze sollten nicht verwendet werden:

Euonymus europaea (Pfaffenhütchen)
Daphne mezereum (Seidelbast)
Ilex aquifolium (Stechpalme)
Laburnum anagyroides (Goldregen).
Stachel- und dornenbewehrte Gehölze dürfen nicht im Rahmengrünbereich
des Spielplatzes gepflanzt werden.

Quelle: Amtsblatt für Berlin, 41. Jahrgang Nr. 2, 21.Januar 1991, Der Senat von Berlin

Berlin, 17.8.92

Gutachten

Rindenmulch als Weichbodenbelag beim Bau von Spielplätzen

Rindenmulch, der u.a. auf Schulhöfen, in Kitas sowie in öffentlichen Grünanlagen als Weichbodenbelag beim Bau von Spielplätzen Verwendung findet, ist ein Material, das sowohl den Anforderungen der Stoßdämpfung nach DIN 7926, Teil 1 entspricht, als auch die Gütesicherung des rückstandsfreien Materials garantiert, wie es die Bundesanstalt für Materialprüfung (BAM) vorschreibt.

Im Gegensatz zu *Rindenhumus* (RH), der aus zerkleinerten, fraktionierten und fermentierten Rinden mit oder ohne Nährstoffzusatz besteht oder *Rindenmulchkultursubstrat* (RKS), das auf der Basis fermentierter Rinde unter Beimischung anderer substratfähiger Stoffe mit und ohne Nährsalz in den Handel kommt, ist Rindenmulch nur zerkleinerte und fraktionierte Rinde ohne jeden Zusatz.

Rindenmulch ist frische, leicht abgelagerte reine Nadelholz-Mischrinde aus den Rinden von Fichten und Kiefern. Die Rinde ist noch keinem Rotteprozeß unterlegen. Die Anteile von Fein- und Grobpartikeln ergeben in der Zusammensetzung eine optimale Stoßdämpfung.

Die jahrelangen Erfahrungen mit Rindenmulch auf stark frequentierten öffentlichen Spielplätzen, Pausenhöfen und Freiflächen von Kindertagesstätten sind positiv und sollen hier dargestellt und erläutert werden.

Die Ausgangsüberlegung, Sand auf Spielflächen gegen Rindenmulch auszutauschen, geht auf Beobachtungen und Analysen zurück, die mit der Grundausstattung von öffentlichen Spielplätzen und Spielflächen auf Schulhöfen und Kindertagesstätten zu tun haben. Großformatige Kombi-Spielgeräte aus druckimprägnierten Holz oder Metall sowie Spielgeräte mit großem Sicherheitsabstand (Rutschen, Doppelschaukeln, Seilbahnen, Drehkarussells, Drehscheiben, etc.) sind bislang in ebenso groß angelegte Sandflächen eingebaut. Diese (oft überdimensionierten) Sandflächen sind mikroklimatisch gesehen unerträglich. Im Sommer heizen diese Flächen auf, sie sind staubig. Da sie zumeist mit festen Bodenbelägen (Betonverbundstein/Betonplatten) eingefaßt sind, die sich bei Sonneneinstrahlung ebenfalls aufheizen, wird der Wärmeeffekt der Sandfläche noch verstärkt. In unmittelbarer Nähe einer Sandspielfläche findet man selten eine nennenswert hohe Baum- oder Strauchbepflanzung, die die Spielfläche beschatten und damit abkühlen könnte.

Besonders in städtischen Ballungsräumen macht sich ein weiterer Belastungsfaktor bemerkbar: die schadstoffbelastete Luft. 70 Prozent aller in der Luft befindlichen Aerosole sind durch den Menschen inhalierbare Partikel. Sandflächen können, besonders wenn sie große Flächenausdehnungen haben, kaum nennenswerte Mengen von Schwebstoffen binden, weil sie glatte Oberflächen haben. Es steht sogar zu befürchten, daß der aufgeheizte Sand aufgrund seiner guten Reflexionsfähigkeit die Schwebstoffpartikel nach oben verwirbelt. Wer im Sommer auf einer aufgewärmten Sandfläche steht, erlebt

Effekte, die ähnlich denen der Schneeblindheit sind. Das könnte ein Indiz für die Verwirbelungstätigkeit sein, denen Aerosole auf Sandflächen ausgesetzt sind. Es reicht in diesem Betrachtungszusammenhang nicht aus, die Sandflächen isoliert zu betrachten, denn sie schließen oft unmittelbar an Gebäude an. Die horizontalen und die vertikalen Flächen heizen sich gegenseitig auf – ein nachteiliger Rückkopplungseffekt, den eine Erzieherin so beschreibt: „An Tagen, wenn die Sonne scheint, kann ich die Tür nicht öffnen, weil dann so heiße und stickige Luft hereinströmt, daß die Kinder das nicht aushalten."

In der kalten Jahreszeit ist die Sandfläche ebenso wenig geeignet zum Spielen für Kinder. Sie ist nicht nur kalt, sondern ebenso feucht und klamm. So kommt es, daß viele Sandspielflächen nur in der Übergangszeit (Frühsommer und Frühherbst) richtig intensiv bespielt werden.

Sandflächen sind auch aus hygienischer Sicht problematisch. Da Sand mineralischen Ursprungs ist, kann davon ausgegangen werden, daß keinerlei nennenswerte Umsetzungsprozesse in der Sandschicht stattfinden. Der regelmäßige hohe Eintrag von Kot und Urin durch Tiere und manchmal durch Kinder, begründet einen jährlichen Sandaustausch. Erst einmal werden diese Stoffe jedoch im Sand eingelagert und wandern in tiefere Schichten ab. Eine bakterielleReinigung geschieht auf einer Millimeterschicht der Sandoberfläche durch UV-Strahlen – das ist keine Beruhigung, denn erfahrungsgemäß buddeln Kinder während des Spiels in tieferen Sandschichten. Der jährliche Sandaustausch ist eine Formalität, die die Kommunen sehr teuer zu stehen kommt und kaum mehr als beruhigende Effekte hervorbringt. Die mit Urin kontaminierten Sandschichten werden nicht abgetragen, wenn Sand auf 10 cm Tiefe ausgetauscht wird. Zudem sollte man sich vor Augen führen, was mit „Sandaustausch" gemeint ist. Jedermann tut so, als ob der „schlechte" Sand in eine chemische Reinigung käme, um dann frisch und sauber wieder aufgefüllt zu werden. Der abgetragene Sand wird in irgendeiner Deponie gelagert – das verursacht erhebliche Gebühren. Der „neue" Sand kommt als Lieferung von irgendwoher. Wir gehen davon aus, daß er aus Bodenschichten kommt, die keine Kontaminierungen enthalten. Das jährliche Sandaustauschprogramm erscheint, gemessen an den Kosten und den dafür erlangten „Sicherheiten", ökologisch unsinnig, da eine sofortige Verschmutzung nicht auszuschließen ist. Wieviele LKWs müssen die Luft weiter belasten, nur damit die Oberflächen vieler Sandspielflächen abgetragen und neu verfüllt werden!

Dabei ist Sand keineswegs überflüssig – im Gegenteil. Kleine Kinder brauchen Sand, um Erfahrungen im Spiel zu machen, und sie brauchen ebenso nötig eine Wasserspielfläche, die in Sand gebaut ist. Das Plädoyer geht dahin, die Sandkästen zum Spielen mit Sand und die Wasserspielplätze so klein wie möglich zu dimensionieren, so daß Wartung und Pflege sichergestellt sind und der Kostenrahmen erträglich bleibt. Spielflächen, die für Spielgeräte gedacht sind, sollten nicht mit Sand verfüllt werden.

Weil Rindenmulch organischen und nicht mineralischen Ursprungs ist, hat er gänzlich andere Eigenschaften als Sand.

Seine rauhe Oberfläche hat ein hohes Staubbindungsvermögen. Rindenmulch bindet nicht nur die Schwebstoffe aus der Luft, sondern setzt sie auch (teilweise) um. Sie werden zersetzt und umgearbeitet, d.h. entgiftet. Kot- und

Urineinträge werden nicht wie beim Sand in tiefere Bodenschichten gelöst und abgeleitet und können somit eine Gefahr für das Grundwasser darstellen, sondern sind eher als so etwas wie Kompoststarter zu betrachten, die mikrobakterielle Aktivitäten im Rindenmulchmaterial anregen und Umsetzungsprozesse beschleunigen.

Extreme Temperaturen wie auf Sandflächen wird man auf Rindenmulchflächen im Sommer nicht finden. Das Wasserrückhaltevermögen der aufgebrachten Rindenmulchschicht ist so gut, daß selbst bei hohen Sommertemperaturen und geringem Niederschlag 10 cm unterhalb der Oberfläche der Rindenmulch sich kühl anfühlt und in 20 cm Tiefe bereits leicht feucht ist. Der Rindenmulch kann einen ganzen Tag von der Sonne beschienen sein, so daß sich die Rindenstücke vor Trockenheit biegen und zerknacken, wenn man darübergeht – die tieferen Schichten bleiben kühl. Die Fläche strahlt keine Wärme ab, die angrenzenden Gebäude werden nicht zusätzlich aufgeheizt.

Daß die im Rindenmulch vorhandenen Inhaltsstoffe wie Tannine, Phenole und Harze herbizide Eigenschaften haben und ein Durchwachsen von Wildkräutern stark reduzieren, soll der Vollständigkeit halber erwähnt werden.

Der große Vorteil von Rindenmulch gegenüber Sand ist sein absolut pflanzenverträgliches Verhalten. Nahezu alle Pflanzen haben in unmittelbarer Nähe von Sandspielflächen allergrößte Mühe zu wachsen. Der Zuwachs von Bäumen, die am Rand von Sandspielflächen stehen, ist gering oder sogar stagnierend. Ganz und gar ausgeschlossen scheint, Solitärbäume als Schattenspender mitten in eine Sandspielfläche zu setzen. Der Verdunstungsstreß, dem diese Jungbäume ausgesetzt sind, ist so groß, daß sie eingehen.

Anders ist das Verhalten von Pflanzen in der unmittelbaren Nähe von oder direkt in Rindenmulchflächen. Der Altbaumbestand regeneriert spürbar, wenn um ihn herum Rindenmulchflächen neu angelegt werden. Neu gepflanzte Bäume in Rindenmulchflächen haben einen sichtbaren Zuwachs – ihr Zustand ist vital.

Auf mehreren Spielflächen konnte erstmals der Versuch als geglückt angesehen werden, inmitten von großen Spielkombinationsgeräten aus Holz Jungbäume anzupflanzen. Der Effekt, Spielgeräte in eine Baumlandschaft einzubauen, ist nicht nur ein ästhetischer, sondern ein ökologisch wichtiger: Das Staubbindungsvermögen großer Laubbäume ist so großartig, daß für Kinder die Luft zum Spielen auf einer solchen Anlage mit Rindenmulchabdeckung erlebbar gesündere Qualität hat. Ein Baum mit 12,40 m Kronendurchmesser bindet pro Vegetationsperiode 25 Zentner Staub, ein kleiner Baum mit 7,80 m Kronendurchmesser immerhin noch 6,5 Zentner Staub.

Die wünschenswerten und positiven ökologischen Eigenschaften einer Spielfläche im städtischen Ballungsraum bestehen in:
- einem ausgeglichenen Luft- und Wasserhaushalt (Wasser sollte vorgereinigt ins Grundwasser absickern)
- guten Wuchsbedingungen für Pflanzen (Durchwurzelbarkeit, Nährstoffangebot)
- gutem Rückhaltevermögen gegenüber Schadstoffen
- der Fähigkeit, Luftschadstoffe an der Oberfläche zu binden
- der Fähigkeit, durch Verschattung und erhöhter nächtlicher Abkühlung zur

Temperaturminderung und Erhöhung der relativen Luftfeuchtigkeit beizutragen.

Diese Eigenschaften, die ein für Kinder als auch Erwachsene angenehmes Klima schaffen, besitzt eine Spielfläche, deren Belag mit Rindenmulch ausgelegt ist.

Ein weiteres Positivum ist die Tatsache, daß Rindenmulch, durch Neuauftrag auf die alte Schicht im Abstand von mehreren Jahren, sich elastisch verfestigt und mehr und mehr die Qualität von Waldboden annimmt (siehe auch Artikel des Verfassers in „klein & groß", Luchterhand-Verlag, Berlin, Heft 9/1991, 10/1991 und 4/1992). Diesen Effekt machen sich auch die Langstrecken-läufer zunutze, wenn sie auf elastischen Finnbahnen trainieren, um Gelenke und Bänder zu schonen. Eine WHO-Statistik besagt, daß in westlichen Industrie-staaten in den letzten drei Jahrzehnten die Anzahl der Kinder mit chronischen Haltungsschäden um 40 Prozent gestiegen ist. Eine große Spielfläche aus Rindenmulch kann zwar nicht direkt Abhilfe schaffen, kann aber ein zusätzliches Angebot sein, auf einer den Bewegungsapparat des Kindes positiv stimulierenden Bewegungsfläche etwas anderes zu erleben als nur auf starren Bodenbelägen.

Um die beschriebenen Eigenschaften von Rindenmulch als Weichbodenbelag zu erreichen, sollte beim Einbau beachtet werden, daß der Unterbau möglichst wenig verdichtet werden darf, um Staunässe zu verhindern und die Versickerungsfähigkeit zu garantieren. Der Rindenmulchaufbau sollte 20 - 30 cm betragen, dann bleibt die Gewähr, daß das Material den Boden, auch an stark bespielten Flächen, überall bedeckt. Unter Schaukeln empfiehlt sich ein Aufbau von 50 cm.

Problematischer hingegen ist die Randeinfassung. Wenn sie zu flach ins Gelände oder in einen Weg übergeht, besteht die Gefahr, daß viel Material beim Spielen/Laufen verschleppt wird. Die bewährte Einfassungskante besteht aus 30 cm dicken Naturstämmen mit Rinde, die zu einem Drittel in den Boden eingelassen sind. Sie sind Balancier- und Sitzmöglichkeit zugleich. Ihre rauhe Oberfläche verhindert ein schnelles Abtragen des Rindenmulches. Es ist zwar, ästhetisch gesehen, etwas anderes als eine Klinkerrollschicht, aber garantiert ökologischer. Die Stämme halten die Feuchtigkeit im Boden und die Sicht-orientierung der Kinder ist gewährleistet.

Anmerkung:
Für technische Detailinformationen wendet man sich an die Gütegemeinschaft
„Rinde für den Pflanzenbau"
Kurze Wende 3
30926 Seelze
Tel.: 0511/40 05 10 6
Fax: 0511/40 94 51

Weiterführende Adressen von Ämtern, Einrichtungen, Institutionen

Auskunft in den Fragen der Gestaltung von Außenanlagen an Kindertagesstätten erhalten Sie bei den jeweils zuständigen Bezirks- oder
Landesämtern der Bereiche Jugend, Garten- und Landschaftspflege und
auch bei den Gesundheitsämtern. Die jeweiligen Ämter haben unterschiedliche Aufgaben, können Ihnen aber den Weg durch die Behörden
und die Zuständigkeit erklären. Weitere Auskünfte erhalten Sie auch bei
den unten aufgeführten Adressen.

Landwirtschaftsamt Hofheim

Bundesverband Bürgerinitiativen Umweltschutz e.V.,
   GF Christine Ellermann, Prinz-Albert-Str. 43, 53113 Bonn,
   Tel: 0228/214 032, Fax: 0228/214 033

BNU Bund für Natur und Umwelt e.V.,
   Bundesgeschäftsstelle,
   GF Dr. Hermann Behrens, Eichendorffstr. 16, 10115 Berlin,
   Tel: 030/282 68 94

BUND Bund für Umwelt und Naturschutz Deutschland e.V. (BUND),
   Bundesgeschäftsstelle,
   Im Rheingarten 7, Postfach 300251, 53225 Bonn,
   Tel: 0228/400 97-0, Fax: 0228/400 97-40

BUNDjugend Jugendorganisation des Bundes für Umwelt und Naturschutz
   Deutschland e.V.,
   Bundesgeschäftsstelle,
   Christan Schirmer, Friedrich-Breuer-Str. 86, 53225 Bonn,
   Tel: 0228/467 005, Fax: 0228/476 834

DGU Deutsche Gesellschaft für Umwelterziehung e.V.,
   Bundesgeschäftsstelle,
   Axel Beyer, Frauenthal 25, 20149 Hamburg,
   Tel: 040/410 62 21. Hrsg.: DGU-Nachrichten

DNR Deutscher Naturschutzring,
   Bundesverband für Umweltschutz (DNR) e.V.,
   Dachverband, Bundesgeschäftsstelle,
   GF Helmut Röscheisen, Am Michaelshof 8-10, 53177 Bonn,
   Tel: 0228/359 005, Fax: 0228/359 096

DVL Deutscher Verband für Landschaftspflege (DVL) e.V.,
   Dachverband für regionale Landschaftspflegeverbände,
   Geschäftsstelle,
   GF Sibylle Tschunko, Vors. Josef Göppel,
   Eyberstr. 2, Postfach 617, 91522 Ansbach,
   Tel: 0981/9504-241, Fax: 0981/9504-246

GJ Grüne Jugend e.V.,
Netzwerk ökologischer Jugendinitiativen,
Jörg Hartmann, Unter den Linden 36/38, 10117 Berlin,
Tel: 030/203 40-537, Fax: 030/203 40-614.
Zugleich Zentrale- und Landesgeschäftsstelle Berlin/Brandenburg

GP Greenpeace Deutschland e.V.,
GF Dr. Thilo Bode, Vorsetzen 53, 20459 Hamburg,
Tel: 040/311 86-0, Fax: 040/311 86-141

Kindergipfel natur - Kindergipfel,
Ringier-Verlag GmbH, G.-Heinemann-Ring 212, 81739 München,
Tel:089/638 18-0, Fax: 089/638 18-100

LIGA GRÜNE LIGA e.V.,
Bundesgeschäftsstelle,
GF Jörg Fuss, Friedrichstr. 165/Haus der Demokratie, 10117 Berlin,
Tel: 030/229 92 71, Fax: 030/229 18 22

NABU Naturschutzbund Deutschland e.V.,
Bundesgeschäftsstelle,
GF Uwe Hüser, Herbert-Rabius-Str. 26, Postfach 301054, 53225 Bonn,
Tel: 0228/975 61-0, Fax: 0228/975 61-90

NAJU Naturschutzjugend im Naturschutzbund Deutschland e.V.,
Bundesgeschäftsstelle,
Pressesprecher, Eric Schaar-Gabriel, Königsträßle 74, 70173 Stuttgart,
Tel: 0711/765 66 12, Fax: 0711/765 61 57

Naturgarten e.V.,
Verein für naturnahe Garten- und Landschaftsgestaltung,
Dr. Reinhard Witt, Finkenstr. 29, 82166 Gräfelfing

NFjugend Naturfreundejugend Deutschlands,
Bundeskinderleitung,
Günter Klarner, Haus Humboldtstein, 53424 Remagen,
Tel: 02228/8041, Fax: 02228/8434

ÖGEK Verein für Ökologie, Gesundheit, Erziehung und Kultur e.V.,
Dorfstr. 10a, 55624 Schwerbach,
Tel: 06544/8403, Fax: 06544/9551

Ökoinstitut e. V. (Bereich Chemie, Bereich Energie) -
Büro Darmstadt, Dr. Bettina Brohmann,
Bunsenstr. 14, 64293 Darmstadt,
Tel: 06151/ 819 135, Fax: 06151/819 133

PAN Pestizid Aktions-Netzwerk (PAN) e.V.,
Gaußstr. 17, 22765 Hamburg,
Tel: 040/393 978, Fax: 040/390 75 20

ROWO Robin Wood,
Gewaltfreie Aktionsgemeinschaft für Natur und Umwelt e.V.,
Djoeke Lueken, Erlenstr. 34/36, Postfach 102122, 28199 Bremen,
Tel: 0421/500 405, Fax: 0421/500 421

UMKEHR Arbeitskreis Verkehr und Umwelt (UMKEHR) e.V.,
Bundesgeschäftsstelle,
Karl-Heinz Ludewig, Exerzierstr. 20, 13357 Berlin,
Tel: 030/492 74 73, Fax: 030/492 79 72,
Mo bis Fr 11-16 Uhr. Unabhängige Koordinations-, Informations- und
Kontaktstelle der bundesdeutschen Verkehrs-Bürgerinitiativen, Gruppen
und Einzelpersonen

UNICEF Deutschland Deutsches Komitee für UNICEF e.V.,
Kinderhilfswerk der Vereinten Nationen,
GF Dr. Dietrich Garlies, Höninger Weg 104, Postfach 520429, 50969 Köln,
Tel: 0221/936 50-0, Fax: 0221/936 50-280

VCD Verkehrsclub Deutschland e.V.,
Bundesgeschäftsstelle,
Dietmar Hüsemann, Eifelstr. 2, Postfach 170160, 53119 Bonn,
Tel: 0228/985 85-0, Fax: 0228/985 85-10

VI Verbraucher Initiative e.V.,
Bundesgeschäftsstelle,
GF Bernhard Kühnle, Breite Str. 51, 53111 Bonn,
Tel: 0228/72633-93/97, Fax: 0228/7263399

RRRRRRRR

DIN-Normen, Sicherheitsbestimmungen

DIN-Normen

DIN 7926 Teil 1 „Kinderspielgeräte, Begriffe und Anforderungen"

DIN 7926 Teil 2 „Kinderspielgeräte - Schaukeln - Sicherheitstechnische Anforderungen und Prüfung"

DIN 7926 Teil 3 „Kinderspielgeräte - Rutschen - Sicherheitstechnische Anforderungen und Prüfung"

DIN 7926 Teil 4 „Kinderspielgeräte - Seilbahnen, Maße, Sicherheitstechnische Anforderungen und Prüfung"

DIN 7926 Teil 5 „Kinderspielgeräte - Karussells - Sicherheitstechnische Anforderungen und Prüfung"

DIN 18034 „Spielplätze und Freiflächen zum Spielen - Grundlagen und Hinweise für die Objektplanung"

Alle Schriften zu beziehen durch:
Beuth-Vertrieb GmbH, Burggrafenstraße 4 - 10, 10787 Berlin,
Tel.: 030/2601-0

Sicherheitsbestimmungen

Für Spielplätze der Kindertagesstätten sind ergänzend die Unfallverhütungs-vorschriften und Empfehlungen der Gemeindeunfallversicherungsträger (GUV) zu beachten.

Richtlinien für Kindergärten - Bau und Ausrüstung

GUV 16.4 Richtlinien für Kindergärten - Bau und Ausrüstung

GUV 26.14 Merkblatt Spielgeräte in Kindergärten

Alle Schriften zu beziehen über Eigenunfallversicherung Berlin, Bundes-allee 199, 10717 Berlin, Tel. 030 / 21 23 - 1

Freiflächen zum Spielen. Kommentar zu DIN 18034 von Agde, Boeninghaus, Cox u.a. Mustererlaß der ARGE Bau. Neufassung der DIN-Norm 18034, Beuth Verlag, Berlin, 1990.

DIN Taschenbuch 105. Kinderspielgeräte und zitierte Normen.
3. Auflage, Beuth Verlag, Berlin, 1991.

Fachliteratur für ökologische/stadtökologische Grundsatzprobleme

Arbeitsgemeinschaft Umweltplanung (1987):
Bodenentsiegelung - Konzept zur Umsetzung von Entwicklungszielen und Maßnahmen des Landschaftsprogramms, A.: Senatsverwaltung für Stadtentwicklung und Umweltschutz Berlin, Berlin, 1987.

Arbeitsgruppe Artenschutzprogramm Berlin (1984):
Grundlagen für das Artenschutzprogramm Berlin, in: Schriftenreihe des Fachbereiches Landschaftsentwicklung der TU Berlin, Ns. 23, Berlin, 1984.

Bartfelder, F.; Köhler, M. (1987):
Experimentelle Untersuchung zur Funktion von Fassadenbegrünungen, Dissertation am Fachbereich 14 Landschaftsentwicklung der TU-Berlin, Berlin, 1987.

Bernatzky, A. (1966):
Klimawirkung von Grünflächen und ihre Beziehung zur Städteplanung, in: anthos, 5. Jg., Heft 1, Basel, 1966.

Bernatzky, A. (1970):
Grünflächen und Stadtklima, in: Städtehygiene, Heft 6, 1970.

Brückmann, W.; u.a. (1987):
Informationsgrundlagen für den Bodenschutz. Europäische Hochschulschriften, Frankfurt am Main, 1987.

Brümmer, G. W. (1985):
Funktion der Böden in der Ökosphäre und Überlegungen zum Bodenschutz, in: Forschung zur Raumordnung 14, Bonn, 1985.

Bundesminister für Umwelt, Naturschutz und Reaktorsicherheit (Hrsg.) (1987):
Umweltgutachten 1987, Deutscher Bundestag, 11. Wahlperiode, Drucksache 11/1568, Bonn, 1987.

Bundesminister für Verkehr (Hrsg.) (1987):
Gestaltungskriterien für Straßenquerschnitte unter Berücksichtigung der Maßstäblichkeit zum Umfeld und einer umweltfreundlichen Einbindung der Straßen, in: Forschung Straßenbau und Straßenverkehrstechnik, Heft 359, 1982.

Deimel, M. (1982):
Kfz-Abgasbelastung in Straßen und Unterführungen im Vergleich zu Allgemeinimmissionen, in: Abgasbelastungen durch den Kraftfahrzeugverkehr, Bundesministerium für Forschung und Technologie,Köln, 1982, S. 115 - 142.

Geiger, R. (1961):
Das Klima der bodennahen Luftschicht - ein Lehrbuch der Mikroklimatologie, 4. Aufl., Braunschweig, 1961.

Golwer, A.; Schneider, W. (1983):
Untersuchungen über die Belastung des unterirdischen Wassers mit anorganischen toxischen Spurstoffen im Gebiet von Straßen, Untersuchungen über die Belastung des Grundwassers mit organischen Stoffen im Bereich von Straßen, in: Forschung Straßenbau und Straßenverkehrstechnik, 1983.

Heisig, M. (1985):
Ökologische Effekte der flächenhaften Verkehrsberuhigung - Entsiegelung, Vegetation, Kleinklima, in: Tagungsband des 3. Kolloquiums zum Forschungsvorhaben „Flächenhafte Verkehrsberuhigung", Umweltbundesamt, Berlin, 1985.

Heisig, M. (1986):
Ökologische Effekte flächenhafter Verkehrsberuhigung. Erfahrungen aus dem 6-Städte-Modellprogramm, in: BfLR, ökologisch orientierte Stadterneuerung, Heft 1/2, 1986.

Hennebo, D. (1955):
Staubfilterung durch Grünanlagen, in: Wissenschaftliche Berichte, Folge II - Bauwesen, Heft 19, Berlin, 1955.

Heydermann, B. (1981):
Zur Frage der Flächengröße von Biotopbeständen für den Arten- und Ökosystemschutz, in: Jahrbuch für Natur- und Landschaftspflege, Band 31, Bonn, 1981.

Horbert, M. (1978):
Klimatische und lufthygienische Aspekte der Stadt- und Landschaftsplanung, in: Natur und Heimat, 38. Jg., Heft 1/2, Münster, 1978.

Horbert, M.; Kirchgeorg, A.; Stülpnagel, A. (1983):
Ergebnisse stadtklimatischer Untersuchungen als Beitrag zur Freiraumplanung, in: Umweltbundesamt, Texte 18/83, Berlin, 1983.

IFS/Institut für Stadtforschung und Strukturpolitik (1988):
Städtebauliche Lösungsansätze zur Verminderung der Bodenversiegelung als Beitrag zum Bodenschutz, in: Schriftenreihe „Forschung" des Bundesministers für Raumordnung, Bauwesen und Städtebau, Heft Nr. 456, Berlin, Bonn, 1988.

IFS/Institut für Stadtforschung und Strukturpolitik; RUM/Arbeitsgemeinschaft Umweltplanung (1989):
Bodenbelastung in Verdichtungsgebieten, i.A. des Bundesministeriums für Technologie, Berlin, Hannover, 1989.

Jonas, R.; Horbert, M.; Plug, W. (1985):
Die Filterwirkung von Wäldern gegenüber staubbelasteter Luft, in: Forstwissenschaftliches Zentralblatt, Heft Nr. 5, Hamburg, Berlin, 1985.

Kirchgeorg, A. (1978):
Klimatische und lufthygienische Aspekte zur Planung innerstädtischer Freiräume, dargestellt am Beispiel Tiergarten, Berlin, Dipl.-Arbeit TU-Berlin, 1978.

Loccumer Protokolle (1984):
Schutz des Umweltmediums Boden. Tagung Februar 1984, Loccum, 1984.

Markstein, B.; u.a. (1983):
Biotopanreicherung im Gebiet der geschlossenen Bebauung, Berlin, 1983.

Pfeiffer, E. (1977):
Die Fruchtbarkeit der Erde. Ihre Erhaltung und Erneuerung, 6. Aufl., Dornach, 1977.

Scheffer, F.; Schachtschnabel, P. (1984):
Lehrbuch der Bodenkunde, 11. Aufl., Stuttgart, 1984.

Schulte, W.; Marks, R. (1985):
Die bioökologische Bewertung innerstädtischer Grünflächen als Begründung für ein naturnah gestaltetes Grünflächen-Schutzgebietssystem, in: Natur und Landschaft, Heft 7/8, 1985.

Senatsverwaltung für Schulwesen, Berufsausbildung und Sport (1990):
Schule als ökologischer Lernort. Fachtagung zum ökologischen Schulbau, März 1990, Berlin, 1990.

Seymor, J.; Girardet, H. (1985):
Fern vom Garten Eden. Die Geschichte des Bodens. Kultivierung - Zerstörung - Rettung, Frankfurt am Main, 1985.

Sukopp, H., et al (1980):
Naturschutz in der Großstadt, in: Die grüne Stadt - Naturschutz in der Großstadt, Dt. Naturschutzakademie, S. 9 - 18.

Sukopp, H. et. al. (1983):
Ökologische Charakteristik von Großstädten, in: Akademie für Raumforschung und Landesplanung (Hrsg.): Grundriß der Stadtplanung, Hannover, 1983, S. 51 - 82.

Umweltbehörde Hamburg (1986):
Richtlinie zur Förderung und Wiederherstellung der Versickerungsmöglichkeiten von Regenwasser, Hamburg, 1986

Wessolek, G. (1988):
Auswirkungen der Bodenversiegelung auf Boden und Wasser, in: Bundes-
forschungsanstalt für Landeskunde und Raumordnung. Informationen zur
Raumentwicklung, Heft 8/9. „Bodenversiegelung im Siedlungsbereich",
Bonn, 1988, S. 535 - 543.

Bestimmungsbücher für Erwachsene

Aas, Gregor; Riedmüller, Andreas: Bäume. Laub- und Nadelbäume Europas
erkennen und bestimmen, 2. Aufl., München, 1988.

Aichele, D.; Golte-Bechte, M.: Was blüht denn da? Wildwachsende Blütenpflanzen Mitteleuropas, 51. Aufl., Stuttgart, 1988.

Aichele; Schwegler: Der Kosmos Pflanzenführer. Blütenpflanzen, Farne, Moose, Flechten, Pilze, Algen, Stuttgart, 1978.

Brucker, Gerd: Lebensraum Boden. Daten, Tips und Tests, Stuttgart, 1987.

Burton, Robert: Das Leben der Vögel. Vogelverhalten - verständlich gemacht,
Stuttgart, o. J.

Chinery: Pareys Buch der Insekten. Ein Feldführer der europäischen Insekten,
Berlin, 1987.

Gerstmeier, Roland: Welcher Schmetterling ist das? Falter, die am Tage
fliegen, Stuttgart, o.J.

Grau; Jung; Münker: Beeren, Wildgemüse, Heilkräuter, München, 1983.

Harde, Karl Wilhelm; Severa, Frantisek: Der Kosmos-Käferführer. Die mittel-
europäischen Käfer, Stuttgart, o.J.

Hayman, Peter; Burton, Philip: Das goldene Kosmos-Vogelbuch. Europas
Vögel - bestimmen, verstehen, schützen, Stuttgart, 1988.

Matz, Gilbert; Weber, Denise: Amphibien und Reptilien. Die 169 Arten Europas
farbig abgebildet. BLV Bestimmungsbuch, München, 1983.

Rogner, M.: Treffpunkt Gartenteich. Foto-Naturführer für Tiere im und am
Wasser, Stuttgart, 1989.

Zucchi, H.: Wiese, Ravensburg, 1988.

Bücher, die dem Verfasser Anregungen und Unterstützung gegeben haben, ökologische Projekte gemeinsam mit Kindern zu beginnen

Blaser, Werner: Hofhaus in China. Tradition und Gegenwart, Stuttgart, 1979.

Bosse, Malcolm J.: Ein Garten so groß wie die Welt. 2. Aufl., München, 1988.

Burnett, Frances Hodgson: Der geheime Garten. Illustrationen von Graham Rust, 2. Aufl., Hildesheim, 1987.

Goldsworthy, Andy: (Ein Photofarbband über die Arbeiten eines Künstlers, der mit und in der Natur arbeitet), Frankfurt am Main, 1991.

Kükelhaus, Hugo: Unmenschliche Architektur. Von der Tierfabrik zur Lernanstalt, 3. Aufl., Köln, 1976.

Kükelhaus, Hugo: Hören und Sehen in Tätigkeit. Zug, 1978.

Schärli, Otto: Werkstatt des Lebens. Durch die Sinne zum Sinn, Aarau/Schweiz, 1991.

Stevens, John: Wilde Gärten. Gestaltung - Pflege - Nutzung, München, 1987.

Schwenk, Theodor: Das sensible Chaos. Strömendes Formenschaffen in Wasser und Luft, 5. Aufl., Stuttgart, 1980.

Zerbst, Rainer: Antoni Gaudi, Köln, 1987.

Fachliteratur Ökologie/Pädagogik/Kinderbücher

AID - Auswertungs- und Informationsdienst für Ernährung, Landwirtschaft und Forsten e.V., kostenloser Bezug gegen Rückporto, z.B. Nr. 1155/89 Die Blumenwiese.

AVID-DREWS, W.: Wundersame Reise in das Reich der kleinen Tiere, Geschichten mit einem 253 Jahre alten Zwerg, der zahlreiche Abenteuer in der Natur erlebt, Ahlerstedt, 1983.

Becker, Gerold: Didaktik in Beton, in: Senatsverwaltung für Schule, Berufsbildung und Sport (Hrsg.): Schule als ökologischer Lernort, Berlin, 1990.

Beltzig, G.: Kinderspielplätze. Mit hohem Spielwert - bauen - planen - erhalten, Wiesbaden. Berlin, 1987.

Björk, Chr.; Anderson, L.: Die schnellste Bohne der Stadt. 1983.

Blech, D.: In der Wiese. Bilderbuch über das Leben in einer Wiese, Ravensburg.

Brügger, Tobis; Vellmy, Louis: Das Bei-Spielplatz-Buch, Zürich, 1984.

Bundesminister für Raumordnung, Bauwesen und Städtebau: I Kinderfreundliche Umwelt; II Kinderspiel im Straßenraum, Schriftenreihe „Städtebauliche Forschung", Bonn, 1980.

Chinery, M.: In der Wiese. Bilderbuch über das Leben in einer Wiese, Ravensburg.

Chinery, M.: Sieh dich um im Garten. Empfehlenswerte Reihe mit weiteren Titeln, u. a. Lebendiger Teich. Bindlach, 1985.

Cornell, Joseph B.: Mit Kindern die Natur erleben. Mühlheim, 1991.

Cornell, Joseph B.: Mit Freude die Natur erleben. Naturerfahrungsspiele für alle, Duisburg, 1991.

Deutsche UNESCO-Kommission Bonn: „Kind und Spiel im öffentlichen Raum", Tagungsbericht, Erlangen, 1979.

Deutscher Naturschutzring e.V., Bundesverband für Umweltschutz (DNR), Broschüre: Schulgärten, Bonn, 1985.

Emerson, Ralph Waldo: Natur, Zürich, 1988.

Enzensberger, Christian: Größerer Versuch über den Schmutz. Frankfurt am Main, 1980.

Fischer, Claudia und Reinold: Komm, wir retten die Natur. 77 Sachen zum Selbermachen, München, 1990.

Fischer-Nagel, H.; u.a.: Tiere in der Wiese. Ravensburg.

Greisenegger; Katzmann; Pitter: Umweltspürnasen. Wien, 1991.

Harms, G.; Mannkopf, L.: Spiel- und Lebensraum Großstadt. Berlin, 1989.

Hecke, Leo; u.a.: Pausenplätze machen Schule. Hitzkirch/Luzern, 1981.

Herman, Gisela; u.a.: Das Auge schläft, bis es der Geist mit einer Frage weckt. Krippen und Kindergärten in Reggio Emilia, Berlin, 1993.

Heyduck-Huth, H.: Ein Käfer in der Wiese. Naturbilderbuch über einen Mistkäfer und seine Erlebnisse in der Wiese. Ravensburg.

Hoenisch, N.; Niggemeyer, E.: Heute streicheln wir den Baum. Kinder machen Naturerfahrungen mit Pflanzen, Tieren und mit dem eigenen Körper, Ravensburg, 1986.

Jacobs, Una: Die Erduhr. Mit Pflanzen und Tieren durchs Erdenjahr, München, 1985.

Kinder und ihre Spiele im öffentlichen Raum, Basel, 1983 (Hrsg.: Interdepartementaler Fachausschuß Sozialpädagogischer Dienst, Postfach, CH-4001 Basel).

Knirsch, R.R.: Unsere Umwelt entdecken. Spiele und Experimente für Eltern und Kinder, Frankfurt, 1988.

Kraft, Peter: Der Schulhof als Ort sozialen Verhaltens. 2. Aufl., Braunschweig, 1979.

Lohmann, Eisenreich: Die Natur im Jahreslauf. Das Beobachtungsbuch für die ganze Familie, München, 1985.

Löscher, W.: Riech- und Schmeckspiele. Anregungen zu Sinnesspielen, München, 1983.

Müller-Hiestand: Erde, Wasser, Luft, Feuer. Aarau, 1990.

MURL - Ministerium für Umwelt, Raumordnung und Landwirtschaft Nordrhein-Westfalen (Hrsg.), Schwannstr. 3, 40476 Düsseldorf 3, z.B. „Gärtnern mit der Natur", „Kompost Ratgeber", „Wir und unsere Umwelt", „Einfälle statt Abfälle"; kostenloser Bezug.

Murschetz, L.: Der Maulwurf Grabowski.

Naturschutz Zentrum Hessen e.V., Friedensstr. 38, 35578 Wetzlar (Hrsg.): Natur macht Schule. Aktion, Wettbewerb und Planungshilfe für Lehrer, Schüler und Eltern, 1985.

Naturschutzzentrum Nordrhein-Westfalen (Hrsg.): Natur - Kinder - Garten. Ein Materialheft für Kindergärten; gegen 1,- DM Rückporto erhältlich beim NZ NRW bei der Landesanstalt für Ökologie, Landschaftsentwicklung und Forstplanung (LÖLF), 45659 Recklinghausen, Leibnizstr. 10, Tel. 02361/3051.

Oberholzer, Alex; Lässer, Lore: Gärten für Kinder. Stuttgart, 1991.

Opgenoorte, W.; Harranth, W.: Da ist eine wunderschöne Wiese. Bilder-Geschichte einer Wiese in der Stadt, Ravensburg.

Pallmann, S.; u.a.: Kinder entdecken die Umwelt. Bildtafeln für den Elementarbereich, Oberursel/Taunus, 1980.

Ratzius, B.: Frühling im Kindergarten. Gedichte, Fingerspiele, Rätsel, Bastelvorschläge, Lieder, Rezepte und anderes mehr für einen fröhlichen Kindergartenalltag, Freiburg, Basel, Wien, 3. Aufl., 1989.

Schmidt, W.; Adrian, Ch.: Was lebt in unserem Garten. Ravensburg, 1983.

Schulhofbegrünung mit Kletterpflanzen. I. Selbstklimmer. Palmengarten Grüne Schule, Hrsg.: Pädagogische Abteilung, Frankfurt, o.J.

Schweizerischer Werkbund (Hrsg.): Das Kind und sein Raum. Zürich, 1973.

Strätz; Derks-Killemann; Bourgeois: Natur und Umwelt im Kindergarten. Stuttgart, 1990.

Svedberg, U.: Maja auf der Spur der Natur. München, 1987.

Umweltbundesamt (Hrsg.): 185 umweltbezogene Kinderbücher, zusammengestellt von Dipl.-Päd. R. Peglau, Berlin, Feb. 1990, 5. aktualisierte Aufl.

Umwelterziehung im Vorschulbereich. Analyse ihrer Bedingungen und Erfordernisse sowie Empfehlungen für ihre Umsetzung. Institut für Sozialpädagogik, TU Berlin. Hrsg.: UNESCO-Verbindungsstelle für Umwelterziehung im Umweltbundesamt, Bismarckplatz 1, 14193 Berlin 33, Berlin, Okt. 1988.

Vester, Frederic: Wasser = Leben. Ein kybernetisches Umweltbuch mit 5 Kreisläufen des Wassers, Ravensburg, 1987.

Wettstein, Felix: Ökologische Prinzipien bei der Gestaltung von Spielbereichen, Manuskript, 1990. Hrsg.: pro juventute, Postfach, CH 8022 Zürich.

Winkler, Andreas; Salzmann, Hans C.: Das Naturgartenhandbuch für Praktiker. Aarau, Stuttgart, 1989.

Zacharias, Wolfgang (Hrsg.): Spielraum für Spielräume zur Ökologie des Spiels II. München, 1987.

Unsere heutige Umwelt ist mit Umweltproblemen immer größeren Ausmaßes konfrontiert. Im Interesse eines stetigen Wachstums und einer besseren Lebensqualität ist es dringend geboten, nach Lösungen für Globalfragen wie die allmähliche Zerstörung der Ozonschicht, den Temperaturanstieg der Erdatmosphäre („Treibhauseffekt"), die Bedrohungen für die natürliche Umwelt, das Problem der Wasservorräte, die Bodenerosionen, die sichere Handhabung von giftigen Chemikalien und Abfällen, die Luftverschmutzung, insbesondere den „sauren Regen" sowie die Probleme der städtischen Gebiete zu suchen. Wirksame Maßnahmen werden in vielen Fällen vermehrte wissenschaftliche Forschung und besseres Verständnis erfordern.

Schlußerklärung des Europäischen Rates in Rhodos
vom 2. - 3. Dezember 1988.